005me Abb.: kf

Reise Know-How im Internet

Aktuelle Reisetips und Neuigkeiten
Ergänzungen nach Redaktionsschluß
Büchershop und Sonderangebote
Weiterführende Links zu über 100 Ländern

http://www.reise-know-how.de/

Der
Reise Know-How Verlag
Peter Rump GmbH
ist Mitglied der Verlagsgruppe
Reise Know-How

Matthias Faermann
Sicherheit im und auf dem Meer

Diese Überlebenstips studiere man
besser vor der Reise,
damit die Seiten nicht durch ein Unglück
im Wasser unnötig naß werden ...
Rüdiger Nehberg

006me Abb.: kw

Impressum

Matthias Faermann
Sicher im und auf dem Meer
erschienen im
Reise Know-How Verlag Peter Rump GmbH
Osnabrücker Straße 79, 33649 Bielefeld

Wir freuen uns über Kritik, Kommentare und Verbesserungsvorschläge.

Alle Informationen in diesem Buch sind vom Autor mit größter Sorgfalt gesammelt und vom Lektorat des Verlages gewissenhaft bearbeitet und überprüft worden.

Da inhaltliche und sachliche Fehler nicht ausgeschlossen werden können, erklärt der Verlag, daß alle Angaben im Sinne der Produkthaftung ohne Garantie erfolgen und daß Verlag wie Autor keinerlei Verantwortung und Haftung für inhaltliche und sachliche Fehler übernehmen.

Die Nennung von Firmen und ihren Produkten und ihre Reihenfolge sind als Beispiel ohne Wertung gegenüber anderen anzusehen.

Gestaltung
Umschlag: G. Pawlak, P. Rump (Layout), G. Pawlak (Realisierung)
Inhalt: G. Pawlak (Layout), K. Werner (Realisierung)
Fotos: der Autor (mf), K. Becker (kb), K. Faermann (kf), P. Rump (pr), G. Urban (gu), K. Werner (kw)

Druck und Bindung
Fuldaer Verlagsagentur

ISBN 3-89416-758-0
Printed in Germany

Dieses Buch ist erhältlich in jeder Buchhandlung der BRD, Österreichs, der Niederlande und der Schweiz. Bitte informieren Sie Ihren Buchhändler über folgende Bezugsadressen:

BRD
Prolit GmbH, Postfach 9, 35461 Fernwald (Annerod) sowie alle Barsortimente

Schweiz
AVA-buch 2000, Postfach 27, CH-8910 Affoltern

Österreich
Mohr Morawa Buchvertrieb GmbH
Sulzengasse 2, A-1230 Wien

Niederlande
Nilsson & Lamm BV, Postbus 195, NL-1380 AD Weesp

Wer im Buchhandel trotzdem kein Glück hat, bekommt unsere Bücher direkt bei: **Rump Direktversand,** Heidekampstraße 18, D-49809 Lingen (Ems) oder über den **Büchershop** auf der Homepage: www.reise-know-how.de

Die mit Klaus Becker gekennzeichneten Texte entstammen seinem Buch „Thailand: An Küsten und Stränden", das ebenfalls in diesem Verlag erschienen ist.

Matthias Faermann

Sicherheit im und auf dem Meer

Adressen

Anhang

Exkurse zwischendurch

Vorwort

Wasser, eines der vier klassischen Grundelemente, ist ein lebenswichtiger Stoff. Ohne Wasseraufnahme kann der Mensch nur wenige Tage überleben – ohne Nahrung durchaus mehrere Wochen.

Über 70 % der Erdoberfläche sind mit Wasser bedeckt, es ist der Ursprung des Lebens und bietet Raum für zahllose Gattungen von Tieren und Pflanzen. Und mehr als das: Der überwiegende Teil der Menschheit lebt in direkter Nähe von Gewässern, die Küsten und Strände werden immer wieder von Millionen von Urlaubern genutzt.

Dieses Buch richtet sich hauptsächlich an alle, die am oder auf dem Wasser ihre Freizeit oder ihren Urlaub verbringen, die aber noch nicht die „Professionalität" von erfahrenen Freizeitkapitänen oder Sporttauchern erlangt haben. Auch wer nur sporadisch Kontakt mit dem Wasser hat oder Fähren benutzt, der findet in den folgenden Kapiteln manch sinnvollen – und vielleicht sogar lebensrettenden – Verhaltenshinweis.

Wer sich näher für Techniken der Wassergewinnung und weitere spezielle Survivaltechniken interessiert, dem sei das Buch „Outdoor-Praxis" von Rainer Höh und die weitere im Anhang genannte Literatur empfohlen.

Im Gegensatz zu „herkömmlichen" Survivalführern möchte ich nicht vertiefend darstellen, wie man in unterschiedlichen Überlebensszenarien Trinkwasser gewinnen kann. Ich schildere vielmehr die vielfältigen Gefahren, die das Wasser als Freizeit- und Transportmedium birgt.

Wasser ist lebensnotwendig – Wasser ist aber auch lebensgefährlich. Es gibt eine Menge Tips und Tricks, um bessere Überlebensmöglichkeiten zu haben oder gar nicht erst in gefährliche Situationen zu gelangen. Insbesondere darauf werde ich in diesem Buch eingehen.

Matthias Faermann

Der Tod im Wasser

Immer wieder ist in der Literatur zu finden, daß Ertrinken ein schöner, ein leichter Tod sein soll. Ich möchte mich dem ungern anschließen; wer will schon beurteilen, was an einem Tod schön oder leicht ist. Zweifelsohne dauert der Todeskampf im längsten Fall jedoch nur wenige Minuten und verursacht wenig Schmerz und Qual. Doch was geschieht genau beim Ertrinken?
Sie befinden sich unter Wasser. Sei es in einem untergehenden Schiff oder in einem versinkenden Auto, sei es, daß Ihnen beim Schwimmen die Kräfte geschwunden sind. Vielleicht sind Sie beim Sturz in das eiskalte Naß gleich bewußtlos geworden. Sind Sie bei Bewußtsein, dann versuchen Sie verzweifelt und mit aller Kraft, an die Oberfläche zu gelangen. Dabei halten Sie krampfhaft die Luft an. Trainierte Taucher schaffen das problemlos drei Minuten und länger. Sie sind aber nicht trainiert, nach etwa zwei Minuten ist das Verlangen nach Sauerstoff so groß, daß ein Atemreflex einsetzt. Entweder füllen sich nun die Lungen mit Wasser, oder Ihnen widerfährt ein Stimmritzenkrampf, d.h., das Wasser wird als Fremdkörper erkannt und die sich verkrampfenden Stimmritzen dichten die Luftröhre ab. In beiden Fällen verlieren Sie rasch das Bewußtsein, nach einigen weiteren Minuten führen der Sauerstoffmangel im Gehirn bzw. Herzkammerflimmern zum Tod.
Was fühlen Sie? Zuerst Schreck, Panik, Verzweiflung; die Wahrnehmung wird aber sehr schnell durch den einsetzenden Sauerstoffmangel getrübt. Sie nehmen die Umgebung mehr und mehr wie durch einen Filter wahr. Vielleicht erleben Sie Halluzinationen, vielleicht erinnern Sie sich an zurückliegende Lebensabschnitte.
Ertrinkende, die wiederbelebt wurden, berichten häufig, daß der Druck auf die Lungen und der Zwang zum Atemholen langsam nicht mehr wahrgenommen wurden,

daß Angst und Schmerz einem angenehmen Empfinden Raum gaben. Schließlich wird es dunkel um Sie herum. Bei vielen Opfern, die sich das Wasser holt, ist jedoch nicht das Ertrinken die Todesursache. In den Gewässern Nordeuropas und in vergleichbaren Klimazonen ist die Wassertemperatur so gering, daß der Körper in kurzer Zeit auskühlt. Es beginnt mit den Händen und Füßen, die Finger können schon nach kurzer Zeit nur noch eingeschränkt bewegt werden. Konzentration, Wahrnehmungs- und Orientierungsfähigkeit nehmen ab, Müdigkeit und Apathie kommen auf. Der letzte Auslöser des Unterkühlungstodes kann makabererweise die vermeintliche Rettung sein. Schon in der Schlinge eines Hubschraubers hängend, kann der Luftstrom den Körper um die entscheidenden Grade abkühlen.
Auch bereits beim Fall oder Sprung in das kalte Wasser kann es zu einem tödlichen Schock kommen. Dieser sogenannte Immersionsschock kann zum sofortigen Herzstillstand führen.
Es gibt zahllose Beispiele für den Kältetod im Wasser. Das tragische Ende der „Titanic“ vor Augen, sei daran erinnert, daß die damals Überlebenden nur aus den Rettungsbooten geborgen wurden. Wer zu den über tausend zählte, die im Wasser trieben, hatte keine Chance, ob mit Schwimmweste oder ohne.
In tropischen Gewässern kann der Sprung in das Wasser zwar wohl kaum zu einem Immersionsschock führen. Auch die Zeitspanne, bis die Auskühlung des Körpers lebensbedrohlich wird, ist dort erheblich länger. Hier können jedoch gefräßige Meeresbewohner, allen voran Haie, zu einer Bedrohung werden. Doch nicht nur diese Fische sind eine Gefahr für im Wasser Treibende. Seevögel stürzen sich mit Begeisterung auf alles, was im Wasser treibt und sich nicht mehr wehren kann. So sind z. B. die Augen ein wahrer Leckerbissen für die so gerne romantisch verklärten Möwen.

Internationale Seenotsignale

- **Das Morsezeichen SOS** (drei kurze, drei lange, drei kurze Signale), gegeben mit allen möglichen Signalmitteln, z.B. Licht, Signalton, Funkgerät oder Signalspiegel.

- **Raketen, Leuchtsterne mit der Signalfarbe rot**

- **Handfackeln mit der Signalfarbe rot,** ungewöhnliche Feuersignale auf dem Schiff (z.B. brennende Ölfässer.

- **Rauchkörper mit der Signalfarbe orange**

- **Seewasserfarbstoff mit der Signalfarbe orange**

- **Knall- oder Böllersignale im Abstand von einer Minute**

- **Langsames Heben und Senken der nach beiden Seiten ausgestreckten Arme**

- Auf Sprechfunk vor und nach der eigentlichen Notmeldung das mehrmals ausgesprochene Wort **„MAYDAY“** [sprich: Mäidäi]

Wenn nichts anderes zur Verfügung steht, kann jedes auffällige Zeichen oder Signal benutzt werden, z.B. ein deutlich sichtbarer Knoten in der Nationalflagge am Heck eines Schiffes.

001me Abb.: kw

An Strand und Meer

Am Strand

Die Sonne scheint, ein lauer Wind weht. Man könnte eigentlich wieder in das Wasser gehen, etwas abkühlen, eine Runde schwimmen, vielleicht ein wenig auf der Luftmatratze dösen.

Doch halt! Sie haben die ganze Zeit in der Sonne gelegen, der Körper ist aufgeheizt, deshalb ja auch schon die drei kalten Biere und jetzt das Meer?

Herz und Kreislauf jubeln – wenn man Glück hat, wird einem nur etwas schwindlig, denn hier handelt es sich um die typischen Auslöser für einen sogenannten ↗Immersionsschock.

Immersionsschock: *Durch die schlagartige Abkühlung kommt es zu einem heftigen Blutdruckanstieg und Herzrhythmusstörungen. Die Bewegungen werden unkontrolliert, Atemnot führt zu krampfhaftem Atemholen.*

Man ist nicht mehr in der Lage, um Hilfe zu rufen. Der plötzliche Herztod im Wasser trifft bei weitem nicht nur ältere Leute. Bevor man sich mit einem von der Sonne durchglühten und **aufgeheizten Körper** in das Wasser begibt, sollte man sich schön langsam abkühlen. Erst die Beine, dann die Arme befeuchten, dann vorsichtig in das Wasser gleiten. Auf keinen Fall direkt in das Wasser springen oder mit Gebrüll in die Brandung laufen, auch wenn das noch so kernig aussehen mag.

Vom **Alkohol** sollte man am Strand ohnehin die Finger lassen, die Abende sind schließlich noch lang genug – ich weiß, Urlaub und so ... Aber es reicht ja vollkommen, wenn man angeduselt in der prallen Sonne einschläft. Lieber den Pelz verbrennen und die nächste Woche nur noch in wallenden Gewändern durch die Gegend laufen, als elendig im Wasser sterben.

An einem unbekannten Strand kann es sich übrigens als lebensrettend erweisen, wenn man sich **vor dem ersten Baden** zuerst kurz mit den Alarmierungs- und Rettungsmöglichkeiten vertraut gemacht hat. Gibt es ein Nottelefon, Rettungsringe, Seile oder Boote, ist eventuell sogar eine Strandwacht vor Ort?

Die Wassertiefe

Es sollte eigentlich eine Selbstverständlichkeit sein, nicht in Wasser zu springen, dessen Tiefe und Untergrundbeschaffenheit man nicht kennt. Selbst wenn die Tiefe augenscheinlich ausreichend für einen Kopfsprung erscheint – erst vergewissern! Das **Abschätzen einer Wassertiefe** ist auch bei kristallklarem Wasser unsicher. Lichtstrahlen werden beim Übergang von Medien unterschiedlicher Dichte (und das sind Luft und Wasser wahrlich) gebrochen, weshalb selbst erfahrene Beobachter immer wieder getäuscht werden. So kann Wasser, das auf den ersten Blick knietief erscheint, einem weit über den Kopf reichen, während im umgekehrten Fall ein augenscheinlich ausreichend tiefes Gewässer nach einem unachtsamen Sprung zu dauerndem Rollstuhlaufenthalt führt – leider kein Ausnahmefall.

Der Krampf

Wem ist es nicht schon passiert? Plötzlich, beim Schwimmen, verkrampft sich ein Arm oder ein Bein. Heftige Schmerzen durchziehen die Muskel, Schwimmbewegungen sind nicht mehr möglich. Ausgelöst werden Krämpfe durch ein **Überbeanspruchen ungeübter Muskeln** und durch Auskühlung dieser Muskeln.

Krämpfe können auch ein Zeichen von Mineralmangel (speziell Magnesium) sein. Der Mangel kann nach starken Flüssigkeits- und damit Salzverlusten als Folge von übermäßigem Schwitzen oder Durchfällen auftreten. Auch ein hoher beziehungsweise regelmäßiger Alkoholgenuß kann zu Magnesiummangel führen.

Wenn der Krampf beginnt, ist, wie immer bei plötzlich auftretenden kritischen Situationen, **Panik zu vermeiden.** Also nicht hektisch herumstrampeln, sondern tief und konzentriert durchatmen und mit vorsichtigen Bewegungen weiterschwimmen, dabei den verkrampften Körperteil nach Möglichkeit nicht bewegen. Im salzhaltigen Wasser hat man schon Auftrieb, wenn man **„Toter Mann" spielt,** das heißt, wenn man bewegungslos im Wasser liegt und die Lungen mit Luft vollgesogen hat. Kleine Bewegungen reichen vollkommen aus, um diesen Auftrieb auch bei Ausatmen zu erhalten. So ist es bei den Kampfschwimmern der Marine eine Standardübung, sich mit zusammengebundenen Händen und Beinen über Wasser zu halten.

Schwächere Krämpfe verklingen rasch, wenn die betroffenen Gliedmaßen entlastet und ruhiggestellt sind. Mit Dehnübungen lassen sich verkrampfte Muskulaturen wieder lockern. Ein Krampf, auch wenn er schnell wieder abklingt, sollte aber immer Anlaß sein, das Wasser umgehend zu verlassen.

002me Abb.: pr

Vorsicht! Die Unterströmung zieht ins Meer

Strömung und Wellen

Worauf ist beim Baden- oder Schwimmengehen noch zu achten?

Erkundigen Sie sich nach den Gezeiten. Abgesehen davon, daß es lästig sein kann, dem Meer bei Ebbe hinterherzulaufen, sollte man den Gezeitenwechsel in seine Planung einbeziehen.

Damit ist zusätzlich gesichert, daß man an befahrbaren Stränden beim Zurückkehren zum Wagen diesen nicht einsam auf einem kleinen Inselchen vorfindet.

Am günstigsten ist es, **bei steigender Flut** in das Wasser zu gehen. An der Nordsee ist die Wassererwärmung bei auflaufendem Wasser am Nachmittag am höchsten, da das Wasser sich langsam über durch die Sonne erwärmten Sand- oder Wattboden schiebt. Allgemein ist das Baden bei auflaufendem Wasser sicherer als bei ablaufendem. Letzteres kann Sie unter Umständen auf die freie See ziehen, besonders bei ausgeprägtem ↗Tidenhub. Selbst für erfahrene Sportler ist das Schwimmen gegen eine gar nicht besonders stark ausgeprägte Strömung für eine Zeit von mehr als einigen Minuten nahezu unmöglich.

Strömungen *können auch ohne den Einfluß von Ebbe und Flut auftreten. Hält man sich vielleicht am Strand im Bereich einer Flußmündung auf, liegt der Strand an einer markanten Landspitze, fällt die Wassertiefe stark ab, herrschen stetig stärkere Winde vor oder fahren Schiffe häufig nahe am Badeplatz vorbei, ist Vorsicht geboten. Dies sind alles Indizien dafür, daß sich Sog oder Strömungen bereits in niedriger Wassertiefe bemerkbar machen können. Um sicherzugehen, erkundigen Sie sich bei Einwohnern, an Rettungsstationen, bei der Tourismusbehörde oder im Hotel.*

Tidenhub: *Wasserstandsunterschied zwischen Ebbe und Flut*

Eine andere Gefahr sind die Wellen, die auf flach werdendem Wasser brechen und als **Brandung** den Strand erreichen. Wellen, besonders Brecher an steil abfallenden Stränden, haben gewaltige Kräfte.

Sie können Personen so auf Steine oder Felsen werfen, daß kaum Knochen ungebrochen bleiben, oder derart über den Sand ziehen, daß die Haut abgeschliffen wird. Wellen sind durch ihren Sog und ihre Unterströmung auch fähig, jemandem die Beine wegzureißen und ihn mit hoher Geschwindigkeit in tiefes Wasser zu ziehen.

Sollte tatsächlich eine der beschriebenen Gefahren bestehen, so verhalten Sie sich vorsichtig. Gehen Sie nur dort in das Wasser, wo der Strand bewacht ist. Zumindestens sollten sich weitere Personen am Strand in der Nähe, oder noch besser, im Wasser aufhalten.

Abgetrieben?
Mit etwas Glück zieht Sie der Sog nur eine kurze Strecke hinaus aufs freie Meer. Die Strömung läuft dann häufig zwischen vorgelagerten Bänken oder Riffen entlang der Küstenlinie. In diesem Fall schwimmen Sie leicht diagonal zur Strömung wieder in Richtung Strand, bis Sie Boden unter die Füße bekommen. Aber teilen Sie die Kräfte sparsam ein. Dieser Vorgang kann lange dauern.

Gehen Sie bei Strömung oder in unbekannten Gewässern nie weiter ins Wasser, als Sie noch bequem stehen können. Prüfen Sie auch beim Schwimmen von Zeit zu Zeit, ob Sie mit den Füßen noch den Boden erreichen können.

Bei starker Brandung: Nicht weiter ins Wasser als bis zur Kniehöhe, unter keinen Umständen so weit, daß Wellen Sie überlaufen können. Wenn Sie mit mehreren Personen zusammen baden: Achten Sie gegenseitig aufeinander, passen Sie vor allem auf die kleineren und die schlechten Schwimmer auf.

Wenn trotz allem die Strömung zupackt, so versuchen Sie nicht, gegenan zu kämpfen. Wenn man keine Stehtiefe mehr hat, schafft man es ohnehin nicht. Machen Sie sich bemerkbar, rufen Sie um Hilfe, werden Sie dabei aber nicht so hektisch, daß Sie Wasser schlucken. Bleibe Sie ruhig, keine Panik, tief durchatmen. **Sehen Sie jetzt zu, parallel zur Küste zu schwimmen und immer den gleichen Abstand zu halten.** So kann man Sie wenigstens vom Land aus weiter beobachten und entsprechend Hilfe leisten.

Hilfeleistung bei Badeunfällen

Wer einen Badeunfall beobachtet, sollte zuerst **weitere Helfer alarmieren,** bevor er sich als Retter in das Wasser stürzt. In der Zeit, die die Bergung benötigt, können professionelle Hilfskräfte und Rettungsfahrzeuge herbeigeholt werden. Vorsicht beim Hinterherspringen! Schon manch mutiger Helfer hat die gute Absicht mit seinem Leben bezahlen müssen, da er eigene Kräfte und Möglichkeiten überschätzt oder die Gewalt der See unterschätzt hatte. Bei aufgewühlter See oder starker Strömung muß man sich **unbedingt anleinen!** Es nützt nichts, wenn man den Verunglückten zwar erreicht, dann aber selbst Hilfe benötigt.

Im Ernstfall kann ein **Handy** sehr nützlich werden. Mit der **Notruftaste** wird auch im Ausland in kürzester Zeit die nächstgelegene Rettungszentrale (meistens die Polizei) erreicht.

Richtiges Anleinen

Führen Sie das Seil unter den Achseln hindurch, nicht in Gürtelhöhe über dem Bauch. Das hat den unbestreitbaren Vorteil, daß man mit dem Kopf über Wasser bleibt, wenn man im Seil hängen sollte. Aus dem unermeßlichen Schatz von Knoten ist einer auszuwählen, der sich hinterher wieder öffnen läßt, und, was hier noch wichtiger ist, der sich unter Belastung nicht zusammenzieht. Für Fachleute bietet sich der Palstek an. Der Knoten wird vor der Brust gebunden.

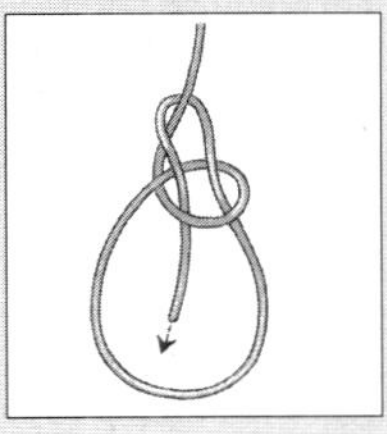

004me

Seebeben

*Befindet sich ein **Erdbebenherd unter dem Meeresboden**, so werden die Erschütterungen als Seebeben bezeichnet. Auf See wirken sie sich nicht direkt aus, Schiffe sind durch die Bebenwellen nicht gefährdet, sie werden, wenn überhaupt, nur als leichte Schläge wahrgenommen. Es entstehen jedoch gewaltige Flutwellen, die berüchtigten ↗Tsunamis, die mit sehr hohen Geschwindigkeiten bis zu 700 Stundenkilometern auf die Küsten zulaufen.*

Tsunami: *Japanisch „Welle im Hafen"*

Auf dem Ozean sind diese Wellen kaum zu bemerken, sie erreichen in tiefem Wasser an der Oberfläche nur Höhen bis zu wenigen Metern und brechen dabei nicht, auch wenn in manchem Hollywood-Katastrophenepos anderes zu sehen ist.

Erreichen die Wellen jedoch die Küsten, so türmen sie sich zu gigantischen, bis zu 40 Meter hohen Brechern auf.

***Wellenfronten** von 100 bis 200 Kilometern Breite vernichten bis weit in das Landesinnere hinein alles, was sich ihnen in den Weg stellt. Im Mai 1960 verwüstete ein Seebeben den Süden Chiles. Direkt nach den Überflutungen war mein Vater vor Ort, er versorgte die am stärksten betroffene Region um die Stadt Valdivia per Schiff mit Hilfslieferungen. Er berichtete mir von den Verwüstungen, so auch von großen Seeschiffen, die von den Wellen weit in das Land hineingetragen und dort liegengelassen wurden.*

In der Literatur finden sich dramatische Schilderungen von Seebeben und Tsunamis u.a. in den Werken von Jack London und Pearl S. Buck.

*Die **Vorhersage** von Tsunamis ist mittlerweile möglich geworden, da die Seismologen viele der bislang ausschließlich militärischen ↗Hydrophonketten, die in weiten Teilen der Ozeane verlegt wurden, für ihre Erd- und Seebebenforschung benutzen dürfen.*

Hydrophone: *Besonders empfindliche Unterwasser-mikrofone*

Wird nun ein Seebeben lokalisiert, so lassen sich mit Hilfe moderner Rechnertechnik Ort und Zeit des Eintreffens von

Flutwellen vorhersagen. Aufgrund der extrem schnellen Fortpflanzung der Wellen sind diese ***Vorwarnzeiten*** *aber immer noch relativ kurz. Wenn sich ein Seebeben gar in der Nähe einer Küste ereignet, so ist eine rechtzeitige Warnung ausgeschlossen.*
Ereignet sich ein ***Erdbeben in der Nähe des Meeres,*** *dann muß vorsichtshalber davon ausgegangen werden, daß die Erdstöße auch Flutwellen hervorrufen. Da bei einem Seebeben die einzige Schutzmöglichkeit in einer rechtzeitigen Flucht in hoch gelegene Gebiete besteht, darf man keine Zeit verlieren. Eine Flutwelle kündigt sich an, indem der Wasserstand plötzlich erheblich absinkt, da die sich auftürmende Welle regelrecht die vor ihr liegenden Wassermassen ansaugt. Auch wenn es noch so verlockend erscheint, sich das Schauspiel eines sich anhebenden, auf einen zustürzenden Horizontes von der Küste aus anzuschauen, so darf man nicht vergessen: Wer die Welle erblickt, der hat keine Gelegenheit mehr zur Flucht.*

003me

◀ *Tsunami, historischer Stich*

Auf Luftmatratze, Boot und Kanu

Blauer Himmel, warmes Wasser, auf der Luftmatratze liegen, sich in den Wellen treiben lassen, dabei von Abenteuern auf hoher See träumen, das klingt ausgesprochen gut.

Doch die Traum-Abenteuer können leicht zum Alptraum werden. Für einige Minuten eingeschlafen, vielleicht den Abstand zum Ufer nicht richtig eingeschätzt, schon ist die kritische Situation da. Der Wind an der Küste kann in kurzer Zeit heftig aufbrisen, die **Luftmatratze oder das Schlauchboot** können von einer Oberflächenströmung erfaßt werden: Paddelnd kommt man jetzt nicht mehr gegenan. Der nächste Fehler wäre es nun, in Panik in das Wasser zu springen und zu versuchen, schwimmend wieder das Ufer zu erreichen. Die beste Alternative ist es natürlich, es gar nicht erst zu einer kritischen Lage kommen zu lassen: Augen auf, den Gezeitenwechsel einprägen, in Ufernähe bleiben und den Wind beachten.

Abgetrieben?
Wenn man schnell auf die offene See hinaus treibt oder sich schon in deutlicher Entfernung zum Ufer befindet, hat man keine andere Wahl, als sich deutlich bemerkbar zu machen und auf Rettung zu warten. Nicht ins Wasser springen! Im Wasser kühlt man wesentlich schneller aus als auf einer Matratze oder einem Floß. Außerdem wird ein treibender Gegenstand deutlich besser erkannt als ein Schwimmer.

Besonders gefährdet sind Kinder, die sich mit ihren Schlauchbooten und anderen Schwimmhilfen zu weit in die See hinaus wagen. Ihnen ist einzuschärfen, sich nur soweit vom Strand zu entfernen, daß sie immer noch Stehhöhe im Wasser haben, auch wenn dies den jungen Abenteurern und Piraten noch so schwerfällt. Mit Booten oder Schwimmhilfen spielende Kinder dürfen nicht aus den Augen gelassen werden.

Gleiches gilt auch für alle anderen von Muskelkraft angetriebenen Wasserfahrzeuge wie **Tret- und Ruderboote.** Derartige Spielzeuge und Freizeitgeräte sind nichts für die offene See, es sei denn, man befaßt sich professionell mit dem Sport und verfügt über eine entsprechende Ausrüstung. ↗Kajakfahrer müssen z.B. die „Eskimorolle" beherrschen, Ruderer, Surfer und Jollensegler haben ihre Fortbewegungsmittel so zu meistern, daß sie nach einem Sturz oder einer Kenterung ihr Gerät wieder aufrichten können.

Zum Thema Kanu und Kajak empfehle ich das „Kanu-Handbuch" von Rainer Höh, siehe Literaturtips im Anhang.

Die Kraft läßt gerade bei Untrainierten rasch nach. Ein wichtiger Grundsatz ist dabei, daß man für den Rückweg stets mehr Kraft aufwenden muß als für den Hinweg, die Ermüdung macht sich bei ungewohnten Bewegungsabläufen überdeutlich bemerkbar.

▼ *Kein Ritt auf der „Banane" ohne Schwimmwesten!*

013me Abb.: kw

Goldene Regeln für Bootsfahrten

- ***Schon bei kurzen Touren sind Schwimmwesten anzulegen.*** *Die Schwimmwesten müssen ohnmachtsicher sein, das heißt, sie halten das Gesicht einer bewußtlos treibenden Person über Wasser. Besonders ist darauf zu achten, daß Kinder stets Schwimmwesten tragen.*
- *Ein Boot, vor allem, wenn es sich um ein leicht gebautes Freizeitboot handelt, darf* ***höchstens mit der maximal zugelassenen Personenzahl besetzt*** *werden. Durch eine Überlastung wird das Boot instabil, es liegt zu tief im Wasser und kann schnell vollaufen oder umschlagen. Die maximal zulässige Personenzahl (oder Zuladung) ist meist auf einer Plakette im Boot angebracht.*
- *In nordeuropäischen Breiten herrschen auf dem Wasser bereits in geringer Entfernung zum Ufer deutlich geringere Temperaturen als an Land. So sollte man bereits bei kurzen Fahrten eine* ***warme Jacke oder ähnliches als Wetterschutz*** *mitführen. In heißen Regionen darf man den* ***Sonnenschutz nicht vergessen*** *– Tücher, Hemden, Kopfbedeckung.*
- *Auch bei kleinen Ausflügen ist die* ***Fahrtdauer so genau wie möglich zu kalkulieren,*** *dabei ist besonders an den Rückweg zu denken. Bei Nacht ist man in kleinen Fahrzeugen auf See erheblichen Gefahren ausgesetzt. Wer nicht vernünftig bei Dunkelheit navigieren kann, sollte die Finger davon lassen. Gerade in tropischen Urlaubsregionen bricht die Dunkelheit nach einer nur wenige Minuten anhaltenden Dämmerung herein.*
- ***Gezeiten und Wind beachten;*** *viele Regionen haben im Tagesverlauf ein typisches Windverhalten, z. B. morgens Landwind, mittags Flaute, nachmittags Seewind, abends wieder Flaute.*

- *Auch wenn man nur mit einem kleinen Schlauchboot vor dem Strand hin und her paddelt, so muß man immer* ***ein Auge auf den übrigen Verkehr in und auf dem Wasser haben.*** *Sieht mich der Fahrer des Motorbootes, das mit hoher Geschwindigkeit und großer Bugwelle auf mich zugefahren kommt, muß ich mich vielleicht bemerkbar machen? Komme ich dem Surfanfänger, der noch übt, der sich noch gar nicht richtig auf dem Brett halten kann, vielleicht in die Quere, sollte ich versuchen, ihm aus dem Weg zu fahren? Immer auf Schwimmer und Schnorchler achten, schon der Zusammenstoß mit einem Tretboot kann Verletzungen zur Folge haben.*
- ***Bei Tagesausflügen sollte immer jemand über Fahrtziel und beabsichtigte Rückkehr informiert werden.*** *Das können der Bootsvermieter, Freunde, Nachbarn oder die Rezeption des Urlaubshotels sein. So kann bei deutlichem Überschreiten der Zeit eine gezielte und erfolgversprechende Suche begonnen werden. Falls die Tour unvorhergesehen unterbrochen werden muß, sei es, daß man bei einer Wetterverschlechterung an einer anderen Stelle angelegt hat oder gar die Nacht an einem anderen Ort verbringt, so darf man natürlich nicht vergessen, ebenfalls die entsprechenden Personen zu benachrichtigen. Kinder haben kein Zeitgefühl, ihnen sollte die Notwendigkeit erklärt werden, ihre Eltern immer darüber zu informieren, wo sie hinwollen und wann sie wieder zurückkommen.*
- ***Nie unter Einfluß von Alkohol oder anderen Drogen ein Boot betreten,*** *auch Mitfahrer auf derartige Anzeichen hin beobachten. Alkohol auf See kann genau so furchtbare Folgen haben wie Alkohol am Lenkrad eines Autos.*

Gefahren am Meeresboden

Nicht überall setzt sich der feine Strandsand auch im Wasser fort. Wenn grobe Steine, scharfkantige Muscheln oder gar Korallen unter Wasser zu erwarten sind, sollte man erwägen, sich mit **Badesandalen** zu schützen. In den touristisch erschlossenen Gegenden sind sie für ein paar Mark zu kaufen. Wer in abgelegenere Gegenden fährt, sollte sich ein Paar mitnehmen oder mit leichten Turnschuhen improvisieren. Die Ferse der Fußbekleidung sollte auf jeden Fall geschlossen sein. Wer schon einmal auf einem schwarzen Strand aus Lavasand in der Mittagshitze barfuß laufen mußte, der weiß diesen Schutz auch außerhalb des Wassers zu schätzen.

Auch gegen die an vielen Urlaubsstränden vorkommenden **Seeigel,** deren abgebrochene Stachel sich in der Haut garantiert entzünden, schützt eine Fußbekleidung sehr gut. Vor den Schwanzstacheln von am Meeresboden versteckt liegenden Stachelrochen schützt vor allem lautes Planschen, das die Tiere vorsorglich verscheucht (s.u.).

007me Abb.: pr

Diadem-Seeigel
besitzen lange Stacheln, die ein schmerzhaftes Gift enthalten. Die Stacheln brechen leicht ab. Widerhaken an der Außenseite machen es unmöglich, die Stacheln aus der Haut herauszuziehen. Man sollte sie mit einem Hammer oder Tauchermesser in der Haut zertrümmern. Kleine Bruchstücke lösen sich schneller auf als große. Einreiben mit Essig oder Zitrone beschleunigt die Auflösung des Kalks. (Klaus Becker)

Krankheitserreger

Die Kleinsten sind die Gemeinsten, das gilt vor allem für die Lebewesen, die sich außer den vergnügungssüchtigen oder reinlichkeitsliebenden Menschen im Wasser tummeln. Zahlreiche Arten von Bakterien und anderen Krankheitskeimen fühlen sich in warmen Gewässern sehr wohl. Das Seewasser am offenen Meer ist auch in den Tropen eigentlich bakteriell unbedenklich, doch Vorsicht in der **Umgebung von Ballungszentren** wie Städten und Hotelkomplexen. Mehrstufige Kläranlagen sind selbst in vielen Urlaubsgebieten Europas noch keine Selbstverständlichkeit; in vielen südlichen Urlaubssiedlungen und Hotelanlagen werden die Abwasser-Sammeltanks über Nacht ins Meer entleert.

Zur Gewässerbelastung trägt eine ausgeprägt entwickelte Landwirtschaft erheblich bei, der **hemmungslose Einsatz von Dünger** bringt nicht nur die Nutzpflanzen zum Blühen. In Binnen- und Küstengewässern, die an intensiv bewirtschaftete Flächen angrenzen, vermehren sich Mikroben und Algen in besonderem Maße. So müssen sogar in Norddeutschland in warmen Sommern regelmäßig an Binnenseen Badeverbote verhängt werden. Immerhin, dort wird die Wasserqualität wenigstens überprüft.

Algenblüten

sind explosionsartige Massenvermehrungen einzelliger Algen. Es können sich mehr als 10 Mio. Zellen in einem Liter Wasser befinden. Oftmals durchläuft nur eine Art zu einem bestimmten Zeitpunkt eine „Blüte". Dem Strandwanderer fällt dann eine intensiv grüne oder rötliche Färbung des Wassers auf. Dieses Phänomen erhielt den Namen „Red tides". Die Farbe entsteht durch die Algenfarbstoffe (Pigmente), mit denen sie das Sonnenlicht für die Photosynthese einfangen.
(Klaus Becker)

Zum Thema **Algenteppiche:** In den Boulevardzeitungen werden regelmäßig zur Urlaubssaison Horrormeldungen über sogenannte „Killeralgen" verbreitet. Die meisten Algenteppiche, die sich auf den Küstengewässern der Nord- und

Ostsee und des Mittelmeeres bilden, sind harmlos, außer, daß sie unschön aussehen und nach ihrem Absterben auch nicht sehr angenehme Gerüche verbreiten.

Einige Gattungen der Blaualge können bei empfindlichen Personen bei Hautkontakt Allergieerscheinungen hervorrufen. Die Wahrscheinlichkeit, daß man ohne Vorwarnung beim Schwimmen auf solche Algenteppiche trifft, ist im Gegensatz zu der Hysterie, die von den Medien zu diesem Thema entwickelt wird, extrem gering. Sollte dies dennoch passieren, dann verlasse man das Wasser auf dem allerschnellsten Wege und dusche sich sofort ausgiebig ab.

Chemische Verunreinigungen sieht und riecht man meist, Bakterien werden erst wahrgenommen, wenn es zu spät ist. In **tropischen Binnengewässern** droht durch unbewußtes Wasserschlucken ein erhebliches Infektionsrisiko.

Baden Sie in tropischen Regionen niemals in stehenden Binnengewässern. Wenn Sie aus irgendeinem Grund dennoch ins Wasser müssen, so behalten Sie möglichst Bekleidung an und suchen Sie Ihren Körper anschließend nach Parasiten ab. Außer einer großen Anzahl von Bakterien sind in diesen Seen und Tümpeln Parasiten beheimatet, die über die Haut und die Körperöffnungen aufgenommen werden. Schwere Erkrankungen, von denen sich manche erst nach Jahren bemerkbar machen, sind nach ausgiebigen Bädern nahezu unvermeidbar.

Gefährliche Meeresbewohner

Quallen

Quallen bzw. quallenartige Meeresbewohner hat jeder Strandurlauber bereits schon einmal gesehen. Nur wenige Quallenarten sind giftig – man sollte aber vorsichtshalber um größere oder verdächtig aussehende Exemplare einen großen Bogen machen. Die rot-braun gefärbte **Feuerqualle** an Nord- und Ostsee ist ein Beispiel, gefährlicher sind aber die sogenannten **Portugiesischen Galeeren,** die vorwiegend im Atlantik ihre Heimat haben und schon so manchem Kanaren-Urlauber den Tag im wahrsten Sinne des Wortes „vergiftet" haben. Man erkennt sie (bei ruhiger See) bereits von weitem an

009me Abb.: kb

Die Sternenhimmelqualle heißt in Thailand aus gutem Grund Feuerqualle.

dem bis zu 20 cm großen „Segel", das sie über Wasser führen. Es sieht aus wie eine schimmernde kleine Plastiktüte, die auf den Wellen treibt. Darunter befinden sich jedoch viele Meter lange Nesselfäden, deren Berührung sehr schmerzhaft ist und bei Allergikern sogar einen gefährlichen Schock auslösen kann.

Erste Hilfe Nesselgifte

Die betroffenen Hautstellen werden mit Essig, Zitrone oder Alkohol eingerieben. Diese Stoffe zerstören Eiweiße und damit die Giftwirkung. In den Tropen: Papaya enthält ein eiweißabbauendes Ferment, das Papain. Auflegen von Papayascheiben hilft somit gegen den Schmerz. Tentakelreste auf der Haut sollte man nach der Behandlung entfernen und danach mit Seewasser nachspülen. Niemals (!) mit Süßwasser oder destilliertem Wasser waschen, denn dadurch können weitere Nesselkapseln explodieren. (Klaus Becker)

Im Pazifik gibt es eine Quallenart, deren Berührung tödlich ist, die **Würfelqualle.** Lästig bis gefährlich können bereits die im Seegang losgerissenen Nesselfäden sein, die mit der Brandung antreiben. Wer Kontakt damit hatte, soll umgehend das Wasser verlassen. So vermeidet er das Risiko, in Folge des möglicherweise eintretenden allergischen Schocks zu ertrinken. Außerdem: Wo sich eine Qualle herumtreibt, da gibt es meist noch mehr.

010me Abb.: kb

▶ *Gut getarnt: Blaupunkt-Stachelrochen*

Fische

Größere Raubfische, die in allen wärmeren Gewässern vorkommen, wie z.B. Barracudas, Muränen und Zackenbarsche, sind nicht für den „normalen“ Schwimmer gefährlich - jedoch durchaus für Taucher. Bis auf den Barracuda sind die großen Raubfische zurückhaltend und scheu, werden aber extrem aggressiv, wenn sie sich in die Enge gedrängt fühlen oder womöglich angegriffen werden. So hüte man sich auch davor, in Höhlen hineinzulangen, z.B. um eine Languste zu fangen. Eine zufällig anwesende Muräne (oder andere Fische) könnten dafür sorgen, daß anschließend kleinere oder größere Körperteile fehlen. Barracudas hingegen können jederzeit angreifen, sie sind bei einem Tauchgang deshalb stets gut im Auge zu behalten.

Zu **Fischen, die bizarr aussehen und Stacheln** haben, sollte man respektvollen Abstand halten, auch wenn sie sich noch so zutraulich verhalten - ihr Gift kann tödlich sein. Als Beispiel führe ich den Rotfeuerfisch und den Steinsfisch an.

Stachelrochen (Stingrays) liegen gerne im Sand versteckt im knietiefen Wasser (vor allem in der Karibik), ein zufälliger Tritt auf eines dieser Tiere kann einen sehr schmerzhaften Stich mit dem Stachel zur Folge haben. Ich hatte selbst an einem wunderschönen Strand Floridas das zweifelhafte Vergnügen, mich beim Baden inmitten einer Stachelrochenkolonie wiederzufinden. Mit Planschen und Wassertreten konnte ich sie aber zum Rückzug bewegen, so daß ich unbeschadet aus dem Wasser kam.

Das Gift der Stachelrochen *ist nicht lebensbedrohend, aber sehr schmerzhaft. Oft bleiben Reste der Giftdrüsenhaut in der Wunde zurück und verursachen heftige Schmerzen. Die Wirkung der Eiweißgifte kann durch Alkohol, Essig oder Hitze (heißes Wasser) vermindert werden. Man sollte die Wunde unbedingt reinigen und desinfizieren (Klaus Becker)*

Für Emotionen sorgt immer wieder das Thema **Haie.** Die urweltlichen Tiere kommen in allen Weltmeeren vor. Es gibt ca. 250 Arten, davon sind ein Fünftel für den Menschen gefährlich. Unfälle mit Haien ereignen sich vor allem in folgenden Regionen: Great-Barrier Riff in Australien, die Küsten Südafrikas, Karibik, Adria, Rotes Meer, Indischer Ozean.

Besonders große Haipopulationen mit Appetit auf Frischfleisch gibt es in der Nähe von Ballungsgebieten und Großstädten, die ihren Müll im Meer entsorgen. Haie halten sich zwar auch oft im Flachwasser auf, fast alle dokumentierten Unfälle er-

008me Abb.: mf

Der weiße Hai - künstlich oder echt?

eigneten sich aber nicht in Strandnähe, sondern in größerer Distanz zur Küste. Meist trifft es Schiffbrüchige, besonders gefährdet sind aber auch Surfer, auf ihrem Brett liegend, und Schnorchler an der Wasseroberfläche, möglichst noch in dunklen Neoprenanzügen. Sie wecken den Raubinstinkt der Haie, da sie eine gewisse Ähnlichkeit mit der Lieblingsmahlzeit großer Haie, der Robbe, haben.

Es gibt zahlreiche Mittelchen zur **Haiabwehr,** von unterschiedlichsten Chemikalien bis hin zu speziell entwickelten Waffen. Manche wirken nur in besonderen Situationen oder gegen einzelne Haiarten, andere wieder überhaupt nicht. Überdies – man hat sie meistens sowieso nicht dabei, wenn sie benötigt werden.

Haiabwehr

Der berühmte Taucher und Unterwasserforscher Hans Hass empfiehlt einen ca. 1,20, langen, spitzen Stock (Haistock), mit dem sich neugierige (und vielleicht auch hungrige) Haie häufig auf Distanz halten lassen.

Weitere gefährliche Tiere

Die an fast allen Küsten vorkommenden Seeigel habe ich bereits erwähnt. Den besten Schutz bieten Badeschuhe. Taucher sollten aber auch darauf achten, wohin sie beim Stöbern am Grund mit ihren Händen fassen.

Abschließend erwähnt seien noch die **Krokodile und Alligatoren,** die – je nach Art – sowohl im Süß- wie auch im Salzwasser tropischer und subtropischer Regionen leben können. Sie treiben nicht nur träge im Wasser, sondern können am Ufer sehr hohe Geschwindigkeiten entwickeln und ihre Beute blitzschnell ins Wasser ziehen. Ein Entkommen ist dann nicht mehr möglich. So sollte man den Warnungen von Reiseführern oder Einheimischen unbedingt Glauben schenken und sich in den betreffenden Gebieten sehr vorsichtig verhalten.

037me Abb.: kb

Unter Wasser

Schnorcheln

Schnorcheln: *Tauchen im Bereich der Wasseroberfläche mit Brille, Flossen und einem Schnorchelrohr zum Luftholen.*

Die leichteste und für jedermann – auch für Kinder und ungeübte Schwimmer – geeignete Art und Weise ist das ↗Schnorcheln.

Man plätschert mit Brille und Schnorchel an der Wasseroberfläche und betrachtet alles, was unter einem so wächst und schwimmt. Gelegentlich kann man auch einige Meter hinabstoßen, solange Luftvorrat und Kondition ausreichen.

Doch unbedarft und sorglos sollte man nicht an diese schöne Freizeitbeschäftigung herangehen. Unbedingt fernhalten muß man sich von **Motorbooten** und den von ihnen befahrenen Routen. Ein Schnorchler in der Wasseroberfläche ist von einem schnell fahrenden Boot aus kaum zu erkennen, wenn dann auch noch die Sonne blendet oder leichter Seegang herrscht, ist ein Unfall mit den messerscharfen Bootspropellern schnell geschehen. Selbst Segelboote oder rasant dahingleitende Surfer sind nicht zu unterschätzen.

Bekleidung beim Schnorcheln

Es ist sinnvoll, sich beim Schnorcheln mit einer Schwimmweste oder einem T-Shirt in Signalfarben zu bekleiden. So besteht eine deutlich größere Wahrscheinlichkeit, von Bootsfahrern gesehen zu werden. Die Bekleidung bietet noch einen weiteren Vorteil: Da die einerseits angenehm bräunenden, andererseits schädlichen ultravioletten Strahlen der Sonne noch weit in das Wasser eindringen, bieten Hemden, Shirts und Shorts einen gewissen Schutz vor Sonnenbrand. Das Eincremen mit Sonnencreme, selbstverständlich wasserfester, darf trotzdem nie unterlassen werden.

Vor lauter Faszination darf man nicht den Blick für die Realität und die **Orientierung** verlieren. Immer wieder überprüfen: Wie setzt die Strömung? Wie lange bin ich schon unterwegs, wie lange benötige ich für den Rückweg? Ändert sich das Wetter? Wird mir langsam kühler? – Im Zweifelsfall sollte man sofort umkehren und eine Grundwahrheit beachten: Der Rückweg dauert meist erheblich länger als vorher geschätzt.

Kaufberater Schnorchelausrüstung

Ein grundsätzlicher Rat vorweg: Möglichst nicht erst im Urlaubsort, womöglich noch am Eiskiosk an der Strandpromenade, sondern in aller Ruhe im Fachgeschäft zu Hause kaufen.

- *Der* ***Schnorchel*** *sollte bei einem Durchmesser von ca. 20 mm eine Länge von 30-40 cm haben, je nach Körpergröße. Auf keinen Fall darf der Schnorchel selbständig verlängert werden! Es besteht sonst Lebensgefahr, weil sich entweder zuviel gefährliche Gase ansammeln oder es nicht mehr möglich ist, das Wasser herauszupressen. Aus diesem Grund darf der Schnorchel auch keinerlei Ventile am oberen Ende haben. Er muß offen sein.*
- *Das* ***Mundstück*** *sollte weich (Silikon) und passend sein. Ein starker Gummigeruch kann Ekel erregen. Mundstück und Rohr sollten einfach zu trennen sein. Das erleichtert die Reinigung.*
- *Das* ***Rohr*** *muß über eine Halterung verfügen, mit der es am Maskenband befestigt werden kann. So sitzt der Schnorchel stabil und kann nicht verlorengehen.*
- *Zumindest das obere Drittel des Rohrs sollte eine im Wasser* ***auffällige Farbe*** *aufweisen. Man kann aber auch mit Tape in orange oder Neon-Farben eine Markierung anbringen, um leichter gesehen zu werden.*
- *Auch die* ***Brille*** *muß gut passend ausgewählt werden. Sie darf kein billiges Plastikspielzeug sein, will man sich im Wasser nicht ständig ärgern. Wichtig ist vor allem die Paßgenauigkeit der Dichtung.*
- *Bei den* ***Flossen*** *kann man als Spiel- und-Spaß-Taucher nicht viel falsch machen. Man achte aber auf korrekten Sitz.*

Gerätetauchen

Das Tauchen mit Gerät, mit Preßluft oder Mischgasen, erfordert eine gute Ausbildung und viel Übung. Beides kann nicht in Schnupperkursen oder Schnellehrgängen im Rahmen des Animationsprogramms einer Hotelanlage in ausreichender Form vermittelt werden. Wer sich für diesen interessanten Sport begeistern möchte, sollte damit nach Möglichkeit nicht gerade aus einer Laune heraus oder weil sich gerade die Gelegenheit bietet, beginnen.

Eine **fundierte Tauchausbildung** gewährleisten nur seriöse Tauchsportvereine und internationale Tauchschulen, die theoretischen Unterricht, praktische Ausbildung in der Halle und im freien Wasser unter Anleitung von zugelassenen Trainern bieten.

Doch angenommen, die Aussicht, in kurzer Zeit in die Unterwasserwelt eindringen zu können, ist einfach zu verlockend. Man ist schließlich jetzt im Urlaub und will die gebotenen Angebote ausnutzen. Dann **schauen Sie genau auf die Details:**

- Stellen Sie unbedingt sicher, daß Sie **körperlich fit** und den Anforderungen von Tauchgängen gewachsen sind. Gerätetauchen ist nicht ohne und bedeutet eine Belastung für Herz, Kreislauf und Atemorgane. Der Blutdruck muß stabil sein, die Lungenfunktionen müssen überprüft werden. Sie müssen in der Lage sein, problemlos Druckausgleich herstellen zu können. Unter den besonderen Sichtbedingungen einer Taucherbrille muß die Sehfähigkeit ausreichend gewährleistet sein.

Das alles kann nur ein Spezialist, ein Tauchermediziner, beurteilen und attestieren. Ein seriöser Tauchlehrer wird sich dieses international gültige Attest garantiert vorlegen lassen.

• Was für einen **Eindruck machen die Trainer und Lehrer,** was haben sie für Referenzen aufzuweisen? Sie sollten die Zulassung der internationalen Tauchsportverbände besitzen. Die Verständigung muß gewährleistet sein, sprachliche Mißverständnisse oder Mehrdeutigkeiten vor einem Tauchgang können fatale Folge haben.

• **Prüfen Sie die Ausrüstung.** Selbst wenn Sie keine Ahnung von der Materie haben sollten, so achten Sie auf Prüfzertifikate und Plaketten, auf Abnutzungserscheinungen, Rost und Verschleiß, auf selbstgemacht wirkende Einzelteile, auf Sauberkeit. Ich habe schon oft genug haarsträubende, mit viel Phantasie und noch mehr Gottvertrauen zusammengeflickte Ausrüstungen gesehen, angefangen bei Druckflaschen mit längst abgelaufenen Prüfdaten. Die Ausrüstung muß nicht nur technisch intakt sein, sie muß auch zur Körpergröße passen.

• **Alkohol oder gar Drogen** darf es in Verbindung mit dem Tauchen nicht geben, weder bei Trainern noch in der Gruppe. Schon die Einnahme eigentlich harmloser Medikamente kann sich unter Wasser kritisch bemerkbar machen. Gefährliche Wirkungen unter Wasser haben z.B. Antiallergika oder Schnupfenkapseln. Besonders riskant sind Mittel gegen Seekrankheit.

• **Wie groß ist die Gruppe,** wie ist sie zusammengesetzt? Eine Mischung aus Erfahrenen und Neulingen ist für Kurzlehrgänge ungünstig. Entweder langweilen sich die einen, oder die anderen verlieren schnell den roten Faden. Wichtigtuer und Anfänger, die sich überschätzen, gefährden die ganze Gruppe. Am besten – aber auch am teuersten – wäre Einzelunterricht. Mehr als sechs Personen sollte eine Gruppe nicht zählen.

● Beachten Sie stets bei der praktischen Ausbildung im Meer: Lassen Sie nie die Gruppe, vor allem **nie den Trainer aus den Augen.** Halten Sie sich unbedingt an seine Anweisungen.

Orientierung bei Strömungen

Das Fixieren von festen Punkten wie z.B. Felsen oder der Ankerkette des eigenen Bootes kann sehr hilfreich sein, um die eigene Bewegung im Wasser zu erkennen.

Soweit ist bis jetzt alles gut verlaufen, alles zum Thema Technik ist gelernt. Endlich soll es zum ersten Tauchgang in das offene Meer gehen. Vor lauter Freude am neuen Hobby darf man auch unter Wasser **Strömung und Gezeiten** nicht aus den Augen verlieren, vor allem, wenn man vorher nur in ruhigen, gezeitenfreien Gewässern Taucherfahrungen gesammelt hat. Beachten sollte man noch zusätzlich, daß sich die Unterwasserströme in Richtung und Stärke deutlich vom Oberflächenstrom unterscheiden können. Vor allem in Bodennähe können sogar Strömungen auftreten, die genau entgegengesetzt zu denen an der Wasseroberfläche verlaufen.

Gezeitenhafen: *Ein Hafen, in dem Ebbe und Flut bemerkbar sind*

Vor Jahren erlebte ich einen Vorfall, der nur mit viel Glück kein dramatisches Ende fand: Ich lag mit meinem Schiff, das einige tausend Tonnen verdrängte, in einem ↗Gezeitenhafen, das Wetter war gut, und eine Strömung war an unserem Liegeplatz nur ganz wenig zu spüren.

Am Schiffsboden waren einige Wartungsarbeiten zu erledigen. So stieg unser Bordtaucher in das trübe Wasser, selbstverständlich gut gesichert. Unter anderem war eine Leine vorhanden, mit deren Hilfe er durch kurzes oder längeres Ziehen und Rucken Signale geben konnte. Mit einem Mal merkten wir, daß der Taucher auf unsere Signale nicht reagierte. Auf heftiges Ziehen an der Sicherungsleine, mit deren Hilfe wir den Taucher eigentlich sofort hätten bergen sollen, reagierte sie nicht. Wir spürten einen Widerstand, die Leine hing fest. Vergeblich bemühten wir uns, unseren Mann wieder an Bord zu bekommen.

Er machte in der Zwischenzeit die schlimmsten Minuten seines Lebens durch, die ihm noch im Nachhinein wie Stunden vorkamen, erzählte er uns später. Als er fleißig am Arbeiten war, setzte die Ebbe ein. Das Schiff senkte sich langsam auf ihn herab. Durch das schlechte Licht und das recht trübe Wasser herrschte eine Sichtweite von höchstens zwei Metern. Plötzlich habe der Taucher einen zunehmenden Druck am Rücken gespürt, er wurde langsam zwischen Schiffsboden und dem schlickigen Grund des Hafens eingeklemmt. Mit letzter Kraft konnte er sich durch den Schlamm hindurchwinden und schoß schließlich regelrecht an die Wasseroberfläche.

051tw Abb.: kb

◀ *Nimm nichts mit außer Fotos und hinterlaß nichts außer Blasen.*

Goldene Regeln für Taucher
(Klaus Becker)

- ***Keine Angst*** *vorm Tauchen; nicht nur aus Solidarität mit dem/der Partner/in einen Kurs belegen!*

- *Die* ***Tauchausrüstung*** *ist vor jedem Tauchgang zu* ***überprüfen*** *(Funktion, Risse, Rost, Dichtungs-/O-Ringe, Dichtigkeit der Weste etc.) und in gutem Zustand zu halten (z.B. nicht an Bord herumwerfen). Nach dem Tauchen sollte alles mit Süßwasser gespült werden.*

- ***Tauchplatzbesprechung****,* ***Tauchplanung*** *und* ***Partnercheck*** *vor dem Einstieg vornehmen!*

- ***Keine Selbstüberschätzung****, d.h. niemals allein tauchen, nie tiefer als 40 m, nie bei Unwettern, sehr starkem Wellengang oder Strömungen tauchen und nicht die Nacht vor dem Tauchtag durchzechen. Auf bedröhnte Tauchpartner sollte man im Eigeninteresse verzichten!*

- *Bei Strömung stets* ***gegen die Strömung*** *schwimmen!*

- *Beim Tauchen stets auf den* ***Partner****, die* ***Tauchtiefe*** *und den abschließenden* ***Sicherheitsstop achten****!*

- *Tauchgang so planen und durchführen, daß sich bei der* ***Rückkehr*** *an Bord noch* ***50 bar Luft*** *in der Flasche befinden und keine Dekompressionsstops erforderlich sind (****Nullzeittauchgänge****)!*

- *Spätestens 24 Stunden* ***vor dem Rückflug*** *nicht mehr tauchen!*

U-Boot fahren

Immer mehr Urlaubsgebiete mit interessanten, dafür geeigneten Küsten bieten es an: Für meist ca. DM 40,- bis 50,- kann man sich den einstündigen Spaß einer U-Bootfahrt gönnen. Man steigt ein, das Innere erinnert meist eher an einen Reisebus mit runden Fenstern. Vor dem Hafen dreht das Boot eine kleine Runde, Fische werden von Begleitbooten angefüttert, hin und wieder winken ebenfalls begleitende Taucher zu. Noch ein kaltes Getränk, und schon wieder geht es zurück, die nächste Busladung mit Unterwasserinteressierten steht bereits auf der Pier. An Land bekommt man eine Urkunde über die einmalige Tauchfahrt in die Hand gedrückt.

Bei diesen Fahrzeugen handelt es sich häufig um keine real tauchenden Boote, vielmehr sitzt man nur direkt unter der Wasseroberfläche, das Tauchen wird nur simuliert. Selbst bei „richtig" abtauchenden Booten geht es gerade einmal dicht unter die Wasseroberfläche.

Ich habe noch kein derartiges Boot gesehen, mit dem ich die Tiefe von zehn Metern unterschreiten möchte. Diese Fahrzeuge sind klein, verfügen über keinerlei tauchtechnische Sicherheitseinrichtungen und sind nicht für Touren bei Schlechtwetter wie Nebel, Seegang oder stärkeren Wind geeignet. Sie haben Besatzungen, die von der Kopfzahl her schon nicht ausreichen, kritische Zustände an Bord in den Griff zu bekommen.

Die Mitfahrt ist aber immer noch ungefährlicher als beispielsweise eine Busrundtour mit einem Macho-Fahrer, der unbedingt beweisen muß, daß sein Bus als größeres Fahrzeug stets Vorfahrt hat. Man kann eine Unterwasserfahrt ruhig einmal mitmachen, in einem gut angelegten Aquapark bekommt man aber meist deutlich mehr Unterwasserleben für sein Geld geboten.

014me Abb.: pr

Auf hoher See

Vorbereitung der Seefahrt

Für viele Streßgeplagte wird ein Traum wahr, wenn sie eine Urlaubsfahrt auf einer Segel- oder Motoryacht genießen können. Damit der Urlaub auf See wirklich ein Genuß wird, sind so manche Regeln und Hinweise zu beachten. Dieses Kapitel richtet sich nicht an erfahrene Sportbootfahrer (obwohl sie auch ruhig einmal hineinschauen sollten), sondern an diejenigen, die noch nie oder selten auf einer Yacht mitgefahren sind.

Wenn man die Mitfahrt langfristig plant, ist es sinnvoll, sich rechtzeitig **Grundfertigkeiten der Seemannschaft und der Nautik** anzueignen. Im Idealfall wird ein Segel- oder Motorbootführerscheinkursus belegt. Viele Vereine, aber auch private Schulen und Volkshochschulen bieten Führerscheinlehrgänge bevorzugt im Winterhalbjahr an

Bootsführerschein

Wenn die Charter eines Bootes ohne professionelle Besatzung bevorsteht, ist das Absolvieren eines Führerscheinlehrgangs ein absolutes Muß, auch wenn in vielen Urlaubsrevieren keine Bootsführerscheine verlangt werden und die Charterprospekte den Eindruck vermitteln, daß die Boote problemlos ohne Vorkenntnisse nach einer Kurzeinweisung vor Ort beherrscht werden können. Typische Beispiele dafür sind die „Kabinenkreuzer" und „Hausboote" auf den landschaftlich wunderschön gelegenen Flußrevieren Irlands oder Frankreichs.

Meistens treten zwar keine ernsthaften Probleme auf, Situationen, die für einen Geübten keine Herausforderung darstellen, können sich für einen Laien jedoch kritisch entwickeln. Als Beispiele: Motorausfall, plötzliche Sichtverschlechterungen, das Verlieren der Orientierung auf dem Wasser, Vorfahrtsprobleme mit anderen Booten und vieles mehr – ohne vernünftige Ausbildung und Erfahrung ist man da schnell überfordert. Sollte es tatsächlich einmal zu einem Schaden gekommen sein, so steht die Regulierung mit den Behörden und Versicherungen auf einer ganz anderen Basis, wenn ein Bootsführerschein vorgewiesen werden kann, als wenn Zweifel über die Fähigkeiten des Bootsführers bestehen.

Bei Seeleuten und Fischern war es nahezu bis in unsere heutige Zeit hinein verpönt, **schwimmen zu können.** Es hieß immer, wer schwimmt, nachdem er über Bord gespült wurde oder nachdem sein Schiff gesunken war, der verlängere nur seine Leiden. Vor langer Zeit hat diese Ansicht vielleicht seine Berechtigung gehabt. Heute jedoch kann das Schwimmenkönnen in Verbindung mit einer guten Sicherheitsausrüstung im Fall eines Schiffbruchs ein Überlebensgarant sein. Wenn man Wassersport betreibt, sollte es selbstverständlich sein, daß man schwimmen kann, das gilt vor allem für mitreisende Kinder.

Zu der umfassenden Vorbereitung für eine längere Reise gehört auch ein **medizinischer Check.** Ist man körperlich für die Klimabereiche seines Wunschzieles geeignet, hat man chronische Krankheiten, die sich eventuell nicht mit den besonderen Anforderungen an den Körper während einer Seefahrt mit einem Sportboot vertragen, benötigt man vielleicht regelmäßig Medikamente? Das alles kann nur ein Arzt entscheiden. Besondere körperliche Belastungen werden durch extreme Tempera-

016me Abb.: kf

Unterwegs in einem Flußrevier

turen, Feuchtigkeit, Bewegungsmangel und ungewohnte Schlafrhythmen verursacht.

Der Entschluß ist gefallen, der Urlaub soll auf einer Yacht verbracht werden. Vor dem Antritt der Fahrt, besser noch vor der Buchung, sollte man prüfen, wem man sich und vielleicht auch seine Familie anvertraut. Überall auf der Welt gibt es zahlreiche mehr oder weniger obskure, gescheiterte Existenzen, die sich ihr Einkommen damit verdienen, zahlende Gäste über die Meere zu fahren. Sie annoncieren häufig in deutschen Zeitungen und Zeitschriften. In südlichen Urlaubsgebieten sind viele alte oder auf alt getrimmte Schiffe zu finden, auf denen mit Tages- bis Wochentouren eine schnelle Mark/ein schneller Dollar gemacht wird („Piratentour" und ähnliches).

> **Zahnarzt nicht vergessen!** *Wenn man sich erst einmal auf hoher See befindet, kann man so leicht keinen Spezialisten aufsuchen. Der Zustand der Zähne wird immer wieder gerne vergessen. Dabei kann eine verschleppte Wurzelentzündung, die irgendwo auf dem Atlantik akut wird, Schlimmeres bewirken als nur die Laune verderben.*

Wichtig sind die **ersten Eindrücke von Besatzung und Boot.** Um schmutzige, ungepflegte Boote sollte man lieber einen großen Bogen machen. Wichtig ist auch ein Blick auf die Ausrüstung: Ist alles an Bord, was für die geplante Seefahrt benötigt wird (Navigationsmittel, Proviant usw.)? Ist die Ausrüstung modern oder veraltet, wie sind die hygienischen Bedingungen? Abschließend: Welche Sprachkenntnisse hat die Besatzung, kann man sich richtig verständlich machen? Ein mulmiges Gefühl sollte man bei all diesen Fragen sehr ernst nehmen und sich das Einsteigen eventuell überlegen.

> *Auch professionelles Werbematerial kann täuschen. Seriöse und umfangreiche Vorinformationen sind aber bereits ein gutes Zeichen für ein vertrauenswürdiges Unternehmen. Am sichersten sind Empfehlungen aus der Fachpresse (z.B. „Yacht", „Boote", „Charter"), aus dem Bekanntenkreis oder die Angebote großer Reiseveranstalter.*

Ausrüstung und Gepäck

Ausrüstung für Tagestouren

- **Wind-/Kälteschutz,** auch in südlichen Regionen kann es auf See empfindlich kalt werden.
- **Festes Schuhwerk** – am besten spezielle Bordschuhe oder -stiefel. Mit High-Heels oder Strandsandalen kann man sich auf einem Boot nicht ohne Unfallrisiko bewegen. Turnschuhe mit schwarzer Gummisohle treiben fast jeden Yachtbesitzer in Raserei, da die schwarzen Spuren auf einem hellen Deck nur mit viel Mühe wieder zu entfernen sind.
- **Regenschutz** (Jacke, eventuell Hose/Overall) sind bei Regenwetter oder stärkerem Wind, der Gischt überkommen läßt, notwendig.
- Ein Handtuch ist als **Sitzunterlage** gut geeignet. Sitze und Bänke sind meist hart und manchmal auch naß.
- Eine Sonnenbrille und ein Hut können als **Sonnenschutz** notwendig werden. So ist auch die Sonnencreme nicht zu vergessen, die Intensität der UV-Strahlung ist auf See aufgrund der Reflexion an der Wasseroberfläche mehr als doppelt so hoch wie an Land. Für die empfindlichen Nasen- und

017me Abb.: kf

◀ *Sorgfältig wird vor der Tour die Ausrüstung zusammengestellt*

Ohrenpartien ist gegebenenfalls ein Sonnenblocker mitzunehmen. Selbst bei leichter Bewölkung kann man sich noch einen Sonnenbrand einhandeln. Kinder sind wieder besonders zu schützen.

Ausrüstung für längere Reisen

Für längere Reisen auf Yachten ist erst einmal die gleiche Ausrüstung empfehlenswert. Darüber hinaus sind **alle zu erwartenden Wetterlagen** mit entsprechender Kleidung abzudecken. Andererseits gilt, daß der Stauplatz auf Booten immer begrenzt ist. Wer Erfahrungen mit Camping oder Wohnmobiltouren hat, kann sich sehr gut daran orientieren. Die Bekleidung hat zweckmäßig und pflegeleicht zu sein.

Was an weiterer Ausrüstung, von der Taschenlampe bis zum Toilettenpapier, an Bord vorrätig ist oder mitzubringen ist, sollte eigentlich bei der Buchung mit den übrigen Unterlagen mitgeteilt werden. Falls noch Fragen offen sind, erspart rechtzeitiges Nachfragen lange Gesichter an Bord.

Seekrankheit

Die Seekrankheit ist die verbreitetste Form der Kinetose, der sogenannten **Bewegungskrankheit.**

Die Seekrankheit trifft viele, die mit einem Schiff oder Boot in See stechen, selbst eine große Anzahl erfahrener Seeleute muß immer wieder zu Beginn einer jeden Seereise leiden. Doch bei fast allen gehen die Symptome spätestens nach zwei Tagen Seefahrt zurück, dann hat die Gewöhnung an die Bewegungen des Fahrzeuges eingesetzt.

Doch Seekrankheit umfaßt mehr als nur körperliche Aspekte. Auch die **Psyche** spielt eine große Rolle dabei, wann es einem wie schlecht geht. Es gibt Personen, die bereits einen Würgereiz verspüren, wenn sie nur ein Schiff im Hafen liegen sehen, anderen passiert überhaupt nichts, auch wenn das Schiff in einem Orkan nahezu auf dem Kopf steht. Bei vielen spielt auch die Art der Bewegung eine entscheidende Rolle, ihnen geht es auf einem Segelboot in langer, aber hoher Dünung gut, während sie sich auf einem Motorboot in kurzen und niedrigen Wellen sehr unwohl fühlen. Auch mir geht es so, daß ich auf See überhaupt keine Probleme mit der Seekrankheit habe, vollkommen egal, auf was für einem Schiff ich mich befinde. Dafür kann ich nicht in einem Auto auf dem Rücksitz sitzen und dabei lesen oder schreiben, ohne ein mulmiges Gefühl im Magen zu verspüren.

Seekrankheit ist mehr als nur ein vorübergehendes Unwohlsein. Wen diese Krankheit wirklich hart trifft, der **verliert vollkommen die Kontrolle** über sich, es kann – wenn auch in seltenen Fällen – sogar soweit kommen, daß der Betroffene sich aufgibt und nur noch den Wunsch hat, endlich von seinen Leiden erlöst zu werden. So eine Person an Bord zu haben, kann zu einem ernsthaften Risiko für jede Yachtbesatzung werden. Ich habe selbst schon Fälle erlebt, daß extrem Seekranke mit starken Medikamenten beruhigt werden mußten, um sie dann im nächsten erreichbaren Hafen an Land zu setzen. Doch das Standardsymptom eines Seekranken ist vielmehr etwas Unwohlsein, wenn es sehr schlimm wird, verbunden mit Erbrechen. Und selbst das muß man nicht als gottgegeben hinnehmen.

Kinetose

Rein medizinisch handelt es sich dabei um einen Krankheitszustand, der durch eine starke Reizung des Gleichgewichtsorganes bei Bewegungen des Reisemittels, also Schiff, Auto oder Flugzeug, ausgelöst wird. Der Gleichgewichtssinn im Gehirn verliert durch diese Reizung seine Bezugsebene, der „künstliche Horizont" im Kopf funktioniert nicht mehr. Dieser Zustand äußert sich zu Beginn in Blässe, Schwindelgefühl und Unwohlsein, in fortgeschrittenem Stadium führt eine Kinetose zu Brechreiz und Kreislaufstörungen.

Das Bewältigen der Seekrankheit beginnt bereits **vor Antritt der Reise.** Man darf sich nicht verrückt machen, man muß sich zwingen, positiv zu denken. Das Schöne an der Seefahrt sollte im Vordergrund stehen, die Angst vor einer eventuellen Seekrankheit darf nicht das Denken überschatten. Durch diese Vorbereitung wird vermieden, daß man sich eine Seekrankheit einredet.

Dann sollte man ausgeschlafen sein, der Magen ist gefüllt, aber nicht zu massiv. Leichtverdauliche, fettarme Speisen vor und während der Seefahrt erleichtern den „gestreßten" Verdauungsorganen die Arbeit. Alkohol und Nikotin sollten gemieden werden, zum einen weil sie ebenfalls den Magen reizen, zum anderen können sie dazu beitragen, daß das Gleichgewichtsorgan belastet wird (Alkohol allein kann bereits ähnlich wie Seekrankheit wirken).

Ingwer gegen Seekrankheit

Wirklich empfehlen kann ich das Kauen von kleinen Stücken frischen Ingwers. Dieses Mittel ist seit alters her in der Südsee sehr populär, ich konnte mich in vielen Fällen davon überzeugen, daß es auch bei Nordeuropäern sehr häufig hervorragend wirkte.

An Bord halte man sich an frischer Luft auf, von Zigarettenrauch, Küchendünsten oder Motorabgasen geschwängerte Luft hat schon manch Hartgesottenen um seine Fassung gebracht. Auch das Beobachten eines festen Punktes am Horizont hat beruhigende Wirkung. Der ruhigste Platz an Bord ist der Schwer- beziehungsweise Drehpunkt des Schiffes. Vereinfacht gesagt, sind die absoluten Bewegungen des Schiffes geringer, je weiter unten und je näher an der Schiffsmitte man sich aufhält. Eine gute Ablenkung von beginnenden Beschwerden ist Gold wert; je mehr man zu arbeiten hat, desto weniger denkt man an seine Wehwehchen.

Wer besonders empfindlich ist, der kann sich spezifische **Medikamente** gegen die Seekrankheit beschaffen, es gibt rezeptpflichtige und leichtere, frei erhältliche. Ihnen ist gemeinsam, daß sie deutlich mehrere Stunden vor Reiseantritt eingenommen werden müssen. Die Medikamente haben aber zwei entscheidende Nachteile. Einerseits haben die stärkeren Mittel erhebliche Nebenwirkungen: Sie machen benommen, sie vermindern die Konzentrationsfähigkeit und können das Sehvermögen beeinträchtigen. Andererseits wird auf längeren Fahrten der Gewöhnungseffekt hinausgeschoben: Setzt man die Medikamente ab, so treten die Symptome wieder auf, auch wenn alle anderen an Bord bereits über die Phase des anfänglichen Unwohlseins hinaus gelangt sind.

Doch es gibt neben diesen Medikamenten noch eine Reihe von Hausmitteln. In früheren Zeiten inhalierten die Seefahrer mancher Nation **Rauschmittel** wie Marihuana (oder Stärkeres). Die Nebenwirkungen sind zugegebenermaßen auch nicht ohne. Manch alter Seebär beschwört noch immer gerne das rabiate Mittel der **„Speckschnur“** – man bindet ein fettes Stück Speck an ein dünnes Band, schluckt den Speck und zieht ihn anschließend am Bindfaden wieder hinauf, das ganze wiederholt man so lange, bis die Speiseröhre gut gefettet ist. Auch davon möchte ich aus verständlichen Gründen abraten.

In der Literatur findet man oft den Hinweis, daß eine **Akupunkturbehandlung** gegen schwere Seekrankheit Wirkung erzielen soll, ich kenne jedoch bislang noch niemanden, der umfassende persönliche Erfahrungen damit gemacht hat.

Erste Schritte an Bord

Es ist endlich soweit, die Seefahrt kann beginnen. Man ist zünftig eingekleidet, das Gepäck kann an Bord gebracht werden. In jeder Hand einen Koffer, auf dem Rücken den Rucksack.

Halt! – Gleich der erste und wichtigste Sicherheitshinweis: **Halten Sie stets eine Hand frei,** um sich jederzeit festhalten zu können.

Für Arbeiten an Bord galt schon immer: „Eine Hand für sich, eine Hand fürs Schiff". Auf einem Boot oder auf einem Schiff sind Sie nicht mehr auf sicherem Boden, auch wenn das Meer noch so friedlich aussehen mag. Jederzeit sind unvorhergesehene Bewegungen möglich, hinzu kommt noch ein möglicherweise nasser, glatter Bodenbelag. Man kann stolpern, rutschen, fallen. Wenn dann in jeder Hand ein Koffer ... Also, jedes Gepäckstück wird einzeln an Bord gebracht!

Der Rucksack wird lieber an Land gelassen.
Ein Sturz ins Wasser mit dem Rucksack auf dem Rücken kann tödlich enden. Wenn schon Rucksack, dann in die Hand nehmen. Dieser Grundsatz gilt auf allen Schiffen und Booten, auch wenn es sich nur um eine kurze Fahrt, vielleicht beim Ausbooten in Helgoland oder auf einer kleinen Personenfähre auf Lanzarote, handelt.

Die Koffer sind ausgepackt, der Rucksack liegt weit weg, jeder hat seine Funktion an Bord zugewiesen bekommen, die Wachen wurden eingeteilt. Vielleicht gibt es für die Neuankömmlinge auch gar nichts zu tun. Dann sollte man sich in der vielleicht unkoordiniert erscheinenden Hektik beim Ablegen und Auslaufen zurückhalten.

Das heißt: **Nicht im Weg stehen, nichts anfassen, was sich bewegt,** erst einmal den Kopf einziehen und das tun, was gesagt wird. Wenn man Anweisungen nicht versteht, lieber gleich nachfragen.

Die Hektik legt sich, fast unbemerkt spielt sich die Routine ein. So, der Urlaub hat begonnen, erst einmal das traditionelle „Auslaufbier". Aber halt: Sollte der Bootsführer vor dem Ablegen noch nicht daran gedacht haben (eigentlich kein gutes Zeichen), so ist spätestens jetzt der Zeitpunkt gekommen, sich in die Rettungsmittel an Bord einweisen zu lassen.

Rettungsmittel an Bord

Die Rettungsweste

Für jeden an Bord, Besatzungsangehörige und Gäste, muß eine **ohnmachtssichere ↗Rettungsweste** vorhanden sein. Die Weste sollte so beschaffen sein, daß das Gesicht bei einer besinnungslos treibenden Person über Wasser bleibt und das Atmen gefahrlos ermöglicht wird.

englisch: *life-jacket*

Die Rettungsweste hat meist noch **Zubehörteile,** die für ein Wiederfinden im Wasser nützlich sind. Es handelt sich um Signalpfeife, Signallampe mit Seewasserbatterie und Reflektorkapuze, weiter können angebracht sein: Dünne Seile zum Zusammenbinden mehrerer im Wasser Treibender, Ventile zum Luftablassen oder Nachblasen.

Man unterscheidet **Feststoffwesten,** deren Schwimmkörper aus Schaumstoff besteht, und **selbstaufblasende Westen,** in denen Gaspatronen für Auftrieb sorgen. Diese Westen werden entweder bei Bedarf von Hand aktiviert oder haben eine Automatikfunktion, die für ein selbsttätiges Aufblasen sorgt, wenn man mit der Weste im Wasser liegt. Lassen Sie sich detailliert in Funktion und Bedienungsweise der Weste einweisen.

Kapuze
Eine Kapuze an der Rettungsweste bietet im Wasser erheblichen Schutz gegen das Auskühlen.

Während der Seefahrt hat man sich persönlich um Pflege und **Aufbewahrung „seiner" Weste** zu kümmern. Ein kleines Stück Klebeband mit Namenszeichen erleichtert das Auffinden der eigenen Weste. Übrigens, Schwimmwesten gibt es im Handel mittlerweile sogar für Hunde.

englisch: *lifebelt, safety harness*

Der Sicherheitsgurt

safety rope, safety line

Der ↗Sicherheitsgurt ist an Bord einer Yacht ein absolutes Muß. Zahlreiche Wassersportler verdanken Gurt und ↗Sicherheitsleine ihr Leben. Man arbeitet an Deck, benutzt vielleicht gerade einmal beide Hände, plötzlich legt sich das Boot bei einer Welle auf die Seite, oder man stolpert und bekommt so schnell keinen Halt zu fassen, das Ganze geschieht vielleicht noch nachts oder bei schlechtem Wetter ...

Markenmaterial

In Unglücksnachrichten finden sich in manchen tragischen Fällen Sätze wie: „... er war zwar angegurtet, die Leine war jedoch gerissen / der Schäkel hatte sich geöffnet ..." Das Material hatte unter den Belastungen versagt. Dagegen kann man sich nur schützen, indem man gutes Markenmaterial mit Prüfzeichen benutzt. Also keine Eigenkonstruktionen oder Provisorien verwenden. Seile, Gurte und Verbindungen sind regelmäßig, besonders nach Belastungen, zu überprüfen und bei Verschleiß, Korrosion oder Beschädigungen auszutauschen.

Es gibt viele Schilderungen, wie Segler bei schwerer See aus dem Cockpit gerissen wurden und nur durch die Sicherung überlebten. Ich selbst fuhr vor einigen Jahren auf einem Marinefahrzeug mit offener Brücke gegen eine See von mehreren Metern Höhe an. Dabei sah ich, daß sich eine einzelne gewaltige Welle vor dem Boot aufbaute, Gischt an der Oberkante. Ich duckte mich noch hinter die Verkleidung, dann wurde es auch schon dunkel.

Ein gewaltiger Druck lastete auf mir, ich spürte, wie ich durch den Auftrieb meines voluminösen Kälteschutzanzuges aufschwamm und von den Wassermassen mitgerissen wurde. Es gab einen kräftigen Ruck, ich hing fest, wußte aber nicht wo. Das Wasser war immer noch da und mir wurde schon die Luft knapp. Doch langsam wurde es heller, schlagartig war das Wasser abgelaufen. Ich hatte Glück, der Sicherheitsgurt und die Leine hatten gehalten, ich war von der Welle sogar wieder in der Nähe meines ursprünglichen Standortes abgesetzt worden. Einem Kameraden von mir erging es in einer ähnlichen Situation nicht so gut, er fand sich außen an der Bordwand hängend wieder, konnte aber dank der Sicherheitsleine wenigstens schnell wieder geborgen werden.

Wann sollten Gurt und Sicherung angelegt werden? Auf kleinen Booten sind sie bei Arbeiten an Deck bereits bei ruhigem Wetter anzulegen. Nicht immer kann man sich bei der Arbeit ständig mit einer Hand festhalten. Ein Stolpern oder eine ungeschickte Bewegung, und schon befindet man sich neben seinem Boot.

! **Bei Wind und Seegang wird die Sicherung bereits angelegt, wenn man die Kajüte verläßt,** da jederzeit die Gefahr besteht, daß eine Welle das Boot überrollt oder daß das Boot extrem ↗krängt. Auf Segelbooten sichere man sich bei Arbeiten in der Takelage immer mit einem Gurt ab.

Krängen: *Das sich auf die Seite Legen des Bootes.*

Die **Länge des Sicherungsseiles** ist auch von Bedeutung, sie stellt meist einen Kompromiß dar: Einerseits soll das Seil so lang bemessen sein, daß man nicht in seiner Arbeit behindert wird und alle wichtigen Positionen an Deck erreichen kann, ohne die Sicherung lösen zu müssen, andererseits sollte das Seil eigentlich nur so kurz sein, daß man im Falle eines Sturzes noch an Bord zurückgehalten wird, da es unter Umständen sehr problematisch sein kann, wieder in das Boot zu gelangen.

Man hüte sich davor, Sicherungsseile zu verlängern, indem man sie zusammenknotet. Die Bruchstabilität wird durch Knoten herabgesetzt, als Faustregel gilt, daß ein Knoten in einer Leine die Stabilität um 50 % reduziert.

Der Knoten selbst kann auch zum Problem werden: Falls er nicht dem Material und dem Zweck angepaßt ist, besteht die Gefahr, daß er sich unter Belastung löst. Die von vielen in der Ausbildung zum Bootsführerschein als überzogene Seefahrtsromantik empfundene „Knotenkunde" hat durchaus ihre Berechtigung.

Die Rettungsinsel

englisch: *life raft*

Rettungsinsel: *Überdachte Schlauchboote, die sich automatisch bei Untergang des Bootes mittels einer eingebauten Gasflasche aufblasen. Sie können bei Bedarf auch per Hand aktiviert werden, meist durch Ziehen einer Reißleine.*

Der Untergang der Titanic, der nur denen eine Überlebenschance bot, die das Glück hatten, einen der wenigen Plätze auf einem Rettungsboot zu erlangen, war der Auslöser für die allgemeine Forderung, daß für jedes Besatzungsmitglied und für jeden Passagier an Bord eines Schiffes ausreichend Plätze auf Rettungsbooten und Rettungsflößen zur Verfügung stehen müssen. So erhielt die Berufsschiffahrt nach Anhebung der Sicherheitsstandards zügig eine entsprechende Ausstattung. An Bord von Yachten und anderen kleinen Schiffen, die wenig Platz für voluminöse Beiboote bieten, haben sich in den vergangenen Jahrzehnten die ↗Rettungsinseln durchgesetzt.

Rettungsinseln haben ein kleines, kompaktes Packmaß, sind handlich und gut zu verstauen. Es gibt sie in unterschiedlichen Größen. Die auf Yachten gebräuchlichen Rettungsinseln sind für die Aufnahme von jeweils vier bis zwölf Personen vorgesehen. Die maximale Personenzahl ist stets auf den Verpackungsbehältern angebracht, genau wie der Zeitpunkt der nächsten Wartung (englisch: next service). Jahr und Monat sind meist in der Art einer TÜV-Plakette angebracht. Man sollte sich ernsthafte Gedanken über das Sicherheitsbewußtsein seiner Gastgeber machen, wenn man als Mitreisender an Bord feststellt, daß das Prüfdatum bereits seit langem abgelaufen ist.

Geprüfte Rettungsmittel
Falls man ein Boot mietet, sollte bei der Übernahme auf geprüfte Rettungsmittel bestanden werden. Eine Charterfirma, die bei diesen wesentlichen Ausrüstungsteilen schlampt, dürfte auch in allen weiteren Bereichen höchst unzuverlässig sein.

Die Container der Rettungsinseln sind meist am Heck des Bootes oder auf dem Kajütdach so befestigt, daß man sie auch bei schwerer See noch erreichen kann. Auf kleinen Booten können sie sich auch in Packtaschen unter Deck befinden, man achte dann darauf, daß man sie bei Feuer unter Deck oder bei einem Leck noch schnell herausgreifen kann. Das **Gewicht einer Rettungsinsel** beträgt circa fünf Kilogramm pro Person Tragkraft, das heißt, eine Insel für vier Personen wiegt mit Verpackung 20 Kilogramm. Schwächere Personen können also bereits Probleme damit bekommen, eine größere Insel herbeizutragen, besonders bei Seegang.

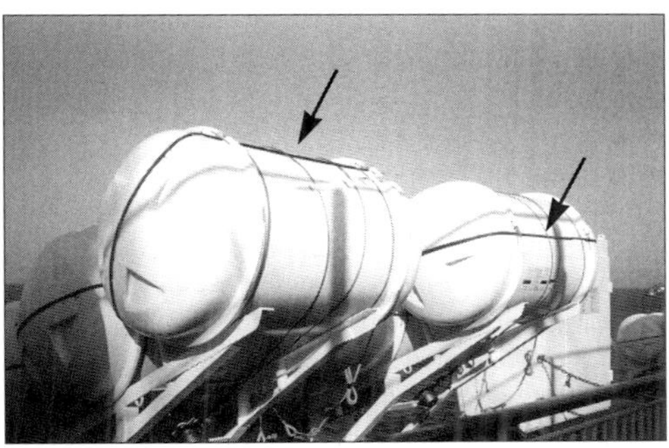

018me Abb.: mf

Ein Gestell mit Rettungsinseln auf einer Mittelmeerfähre. Fatalerweise sind alle Behälter noch mit ihren Transportsicherungen festgesetzt.

Wann ist der Zeitpunkt gekommen, bei einem Notfall in die Rettungsinsel gehen? Die einfache Antwort lautet: Wenn das Boot sinkt. Nun entwickelt sich die Situation aber in den seltensten Fällen derart eindeutig. Doch dazu später mehr unter dem Stichwort „In der Rettungsinsel".

Beiboote, Dinghis und Schlauchboote *sind aufgrund ihrer offenen Bauweise als Rettungsboot nur eingeschränkt geeignet und dürfen nie als alleiniger Ersatz für Rettungsinseln mitgeführt werden. In Küstennähe sind sie jedoch eine sinnvolle Ergänzung, vor allem wenn sie einen Motor haben.*

Rettungsinseln verfügen über unterschiedliche **Ausstattungen** und Ausrüstungssätze. Baulich sollten sie mit festen Einstiegshilfen, umlaufenden Leinen zum Festhalten, Kenterschutzvorrichtungen und einem Isolierboden, der vor der Kälte der See schützt, ausgestattet sein. Wichtige Ausrüstungsteile, die sich ständig in der verpackten Rettungsinsel befinden sollten, sind:

- **Treibanker,** um ein zu schnelles Vertreiben der Insel zu verhindern und der Insel in schwerer See eine stabilere Lage zu geben,
- **Reparatursatz,** um Beschädigungen der Rettungsinsel reparieren zu können,
- **Luftpumpe,** um Kammern wieder aufzupumpen,
- **Messer,** um eine eventuell noch am sinkenden Schiff befestigte oder verfangene Leine kappen zu können,
- **Regenwassersammeleinrichtung** und -beutel,
- **Seewasserdestillieranlage** zur Trinkwassergewinnung,
- **Angelset** zum Fischen,
- **Signalspiegel und Seenotsignale,**
- **Erste-Hilfe-Set** u.a. mit ausreichend Tabletten gegen Seekrankheit (Personenzahl mal zehn),
- **Wurfleine** mit einer Länge von mindestens 30 m, die einem im Wasser treibenden Schiffbrüchigen zugeworfen werden kann,
- **Schöpfgefäß,** um die Insel lenzen zu können, auch als Trinkgefäß geeignet.

Feuerlöscher

englisch:
fire-extinguisher

Auch wenn es im ersten Moment widersprüchlich klingen mag, so wurde das Feuer von den Seeleuten schon immer als die größte Bedrohung ihres Schiffes empfunden. Mit den Unbilden des Wetters und der See kannte man sich aus, die waren weitestgehend berechenbar. Ein außer Kontrolle geratenes Feuer hingegen war auf den hölzernen Schiffen der Alptraum schlechthin. Und an Brandgefahr mangelte es nicht. Ein Brand konnte ausgelöst werden durch die Selbstentzündung der Ladung, durch das Umstürzen eines Kohleofens in der Kombüse bei Seegang oder durch unachtsam behandelte Tabaksglut.

Auch in unserer Zeit ist das Feuer selbst für modernste Schiffe mit elektronischer Überwachung und Feuerlöschsystemen eine erhebliche Gefahrenquelle. Als jüngstes Beispiel für die Folgen eines Feuers in den Laderäumen steht die „Pallas", deren Wrackfragmente im Watt vor der schleswig-holsteinischen Westküste langsam im Sand versinken (siehe Exkurs).

So hat man sich auf Sportbooten immer auf eine Bedrohung durch Feuer einzustellen und entsprechend vorzubereiten. Die Gefahren dabei sind, daß sich ein Feuer durch die vielen brennbaren Stoffe an Bord sehr schnell ausbreitet, daß dabei eine starke Entwicklung von Qualm stattfindet und daß die Stabilität des Bootes durch einen Brand erheblich eingeschränkt wird. Durch die Verwendung vieler Kunststoffe im Bootsbau werden selbst bei kleinen Bränden meist giftige Gase freigesetzt.

Verhalten bei Verqualmung

Das Boot so steuern, daß der Wind den Qualm von der Besatzung wegtreibt.
Behelfsmäßigen Schutz bieten feuchte Tücher vor Mund und Nase.
Falls vorhanden, können Preßluftatmer und Brille der Tauchausrüstung schützen, wenn man ins Bootsinnere vordringen muß.

Mögliche Brandquellen an Bord

Vollkardanische Aufhängung: *Frei beweglich in allen Schwenkrichtungen, dadurch immer zum Erdschwerpunkt ausgerichtet.*

• Herde, Kocher, Heizungen.

Grundsätzlich sind diese Geräte so anzubringen, daß sich keine brennbaren Gegenstände in der Nähe befinden. Bei Seegang dürfen keine Bekleidungsstücke oder ähnliches auf Heizungen fallen können oder sogar zum Trocknen daran aufgehängt werden. Ein Wärmestau ist zu vermeiden. Bei flüssig befüllten Brennern ist auf ein Überlaufen des Brennstoffs zu achten. Immer daran denken, daß bei Seegang ganz andere Bedingungen in der Kajüte vorherrschen als im ruhigen Hafen. Ideal ist eine ↗vollkardanische Aufhängung, die dafür sorgt, daß die Bewegungen des Bootes nicht auf die Geräte übertragen werden.

• Motoren (Antrieb und Stromerzeugung) mit Kraftstoffleitungen und Abgasrohren.

Motorräume müssen abhängig von der Bauart der Motoren belüftet sein. Kraftstoffleitungen sollten vor Eintritt in den Motorenraum Absperrmöglichkeiten haben, sie sind so anzubringen, daß sie vibrationsfrei liegen. Kraftstoff- und Einspritzleitungen sind regelmäßig auf Leckagen zu kontrollieren. Abgasrohre müssen ausreichend isoliert sein, für den Fall, daß sie heiß laufen. Abgasleitungen können bei Motorstörungen im Extremfall sogar zum Glühen gebracht werden.

• Treibstoff- und Gastanks.

Es dürfen nur zulässige Tanks und Kanister benutzt werden. Gastanks und Flaschen müssen unbedingt über Sicherheitsventile verfügen, die im Falle einer Undichtigkeit die Leitungen drucklos machen. Schränke mit Gasflaschen müssen zum Bootsinnenraum gasdicht sein, die Entlüftung muß nach außen geführt sein.

● **Die Bordelektrik mit Batterie, Sicherungen und Stromleitungen.**

Batterien sind fest (kentersicher) und auslaufsicher einzubauen, die Pole sind zum Schutz gegen Kurzschluß abzudecken. Die Kabel haben einen ausreichend großen Querschnitt aufzuweisen, es besteht sonst die Gefahr der Überhitzung. Unterschiedliche Spannungen sind eindeutig zu kennzeichnen. Jeder größere Verbraucher ist einzeln mit einer richtig angepaßten Sicherung abzusichern.

● **Offenes Feuer, Lampen, Kerzen und rauchende Mitmenschen.**

Für Lampen mit offener Flamme gilt grundsätzlich das gleiche wie für Kocher und Heizungen. Eine offene Flamme ist nie ohne Aufsicht zu lassen. Raucher müssen besonders darauf achten, wo der Wind die Glut ihrer Pfeife oder Zigarette hinträgt.

● **Selbstentzündung von Lösungsmitteln.**

Mit Lösungsmitteln, Lacken und Wachs getränkte Lappen dürfen nie zusammengeknüllt liegengelassen oder in Werkzeugkästen oder Dosen verstaut werden. Sie können sich dabei nach einiger Zeit von selbst entzünden – ich selbst habe bereits diese Erfahrung mit einem mit Leinölfirnis getränkten Wattebausch gemacht.

● **Blitzschlag.**

Gerät man in ein Gewitter, läßt sich möglicherweise ein Einschlag nicht vermeiden. Deshalb sollten Boote mit einem Kunststoffrumpf über eine Blitzschutzeinrichtung verfügen. Nach einem Einschlag muß unverzüglich das Boot unter Deck nach Schwelbränden abgesucht werden, dabei verläßt man sich am besten auf seine Nase. Den Rauch eines Schwelbrandes riecht man lange, bevor er zu sehen ist.

Brandklassen:
A - Brennbare Feststoffe
B - Brennbare Flüssigkeiten
C - Brennbare Gase

Wenn die Vorsichtsmaßnahmen ohne Erfolg geblieben sind, helfen nur noch Feuerlöscher. Ideal sind Feuerlöscher, die in den besonders gefährdeten Bereichen wie z. B. im Maschinenraum fest installiert sind und automatisch reagieren bzw. aus sicherer Entfernung von Hand ausgelöst werden können. Diese Geräte sind in allen Größen im Fachhandel erhältlich, auch für den Bedarf der Sportboote. Eine Yacht sollte **als Minimalaustattung über zwei Feuerlöscher verfügen,** mindestens einer davon geeignet für die ↗Brandklassen „ABC“.

Die Löscher sollten **getrennt voneinander an Bord verteilt** sein. Sie müssen auch bei Dunkelheit leicht erreichbar sein. Jeder an Bord hat sich die Aufstellorte und die Handhabung der Löscher und die Aktivierung von Feuerlöschsystemen vor Beginn der Seefahrt einzuprägen. Wie schon bei den Rettungsinseln, so gibt es auch bei den Feuerlöschern **Prüffristen,** die an TÜV-ähnlichen Plaketten zu erkennen sind.

! Übernehmen Sie kein Charterboot mit abgelaufenen Feuerlöschern.

Größere Boote und Schiffe verfügen über separate bzw. an die Antriebsmaschine gekoppelte **Feuerlöschpumpen** und entsprechende Schläuche zur Brandbekämpfung.

Arten von Feuerlöschern

Feuerlöscher, die ein **Löschpulver** zum Inhalt haben (Pulverlöscher), sind seit einigen Jahren am gebräuchlichsten. Die Löscher sind in den Größen mit einem, zwei, sechs und zwölf Kilogramm Inhalt erhältlich und meist für die Brandklassen A, B und C geeignet. Beim Einsatz entfalten Pulverlöscher schlagartig ihre Löschwirkung, die Löschdauer bei einem Dauerstoß ist aber sehr gering. Ein Sechs-kilogramm-Löscher ist z. B. in ungefähr zwölf Sekunden entleert, die kleinen Ein- und Zweikilogramm-Löscher sind bereits nach zwei bis vier Sekunden leer. So ist es besonders wichtig, das Feuer mit kurzen Pulverstößen zu bekämpfen.

Der **Kohlendioxidlöscher** ist zur Bekämpfung von Entstehungs- und Kleinbränden der Brandklassen B und C sowie Bränden an elektrischen Anlagen - auch bei Hochspannung - geeignet. Bei Glutbränden werden zwar die Flammen kurzfristig gelöscht, sie lodern aber nach kurzer Zeit wieder auf, falls nicht mit Wasser nachgelöscht wird. Für den Einsatz im Freien ist Kohlendioxid nur bedingt geeignet, bei Wind verweht das Löschmittel sehr schnell. Die Löscher gibt es mit einer Zwei- und mit einer Sechs-Kilogramm-Füllung, die Löschzeit bis zur Entleerung beträgt max. 20 bzw. 60 Sekunden.

Eine gute Ergänzung zum Feuerlöscher ist die **Löschdecke.** Sie ist für alle Arten von Entstehungsbränden geeignet, mit denen wir im Boot konfrontiert werden. Nur falls sich bereits eine gewisse Menge an Glut gebildet hat, muß mit Wasser nachgelöscht werden, da die Decke in diesem Fall nur die Flammen erstickt. Mit Hilfe einer Decke lassen sich sehr gut Personen ablöschen, deren Kleidung in Brand geraten ist.

Doch nicht jede Decke ist zum Feuerlöschen geeignet. Sie muß selbstverständlich schwer entflammbar sein, also entweder aus Wolle oder einem speziell zum Löschen entwickelten Stoff gefertigt. Normale Kunstfaserdecken sind kaum geeignet, da sie meist unter Hitzeeinfluß schmelzen. Im Handel sind Löschdecken erhältlich, die zusammengefaltet auf kleinem Raum Platz finden und im Ernstfall schnell zur Hand sind. In diese Decken sind zusätzlich in den Ecken Grifftaschen angebracht, die verhindern, daß die Hände beim Halten der Decke schutzlos den Flammen ausgesetzt sind.

Umgang mit Feuerlöschern

Im Grunde werden alle Feuerlöscher auf gleiche Art betätigt: Man entfernt eine Sicherung, meist einen Stift oder eine Lasche, die herausgezogen werden müssen. Dann ist der Schlauch oder die Düse auf den Brand zu richten. Beim Betätigen eines Hebels oder pistolenartigen Abzugs wird das Löschmaterial ausgestoßen. Bei fast allen Löschern unterbricht der Strahl, wenn man den Auslöser losläßt, so daß man das Feuer mit gezielten Stößen bekämpfen kann.

- ***Immer mit dem Wind im Rücken löschen,*** *damit man nicht durch Hitze oder Qualm behindert wird. Auch das Löschmittel hat damit eine größere Reichweite.*
- ***Stets ein Feuer von unten nach oben löschen,*** *also von der Glut zu den Flammen, es kann sonst immer wieder auflodern. Nur Brände, bei denen brennende Flüssigkeiten von oben nach unten heruntertropfen – z. B. beim brennenden Motorraum – wird von oben (von der Basis des Feuers) nach unten gelöscht.*
- *Dabei nicht mit dem Löschstrahl in der Mitte des Feuers ansetzen, sondern* ***vom Rand aus, von hinten nach vorne vorgehen.***
- ***Bei einem kleinen Brand sollte der Löscher nicht restlos entleert werden.*** *Sparsamer sind einzelne Löschstöße mit kurzen Pausen, um zu schauen, ob das Feuer schon gelöscht ist. So behält man eine Reserve, falls das Feuer wieder auflodert.*
- *Bei Bränden, die sich bereits ausgedehnt haben, ist es sinnvoll,* ***mit mehreren Personen und mehreren Feuerlöschern gleichzeitig den Brand einzukreisen,*** *wenn diese Möglichkeit besteht.*

Lenzeinrichtungen

Nach „zuviel Feuer" nun zu „zuviel Wasser". Lenzeinrichtungen werden die Geräte genannt, mit deren Hilfe man in das Boot eingedrungenes Wasser wieder nach außen befördern kann, von aufwendigen Pumpen bis zum ↗Ösfaß.

englisch: *pumping arrangement*

Die gebräuchlichen Lenzeinrichtungen sind:

- **Elektrische Lenzpumpen** (Tauchpumpen),
- **Handbetriebene (Hebel-) Lenzpumpen,** festmontiert oder mobil,
- Lenzmöglichkeiten über die **Seekühlwasserpumpe** des Bootsmotors,
- **Schlagpütz,** daran befestigt ein 1 bis 2 m langes Ende ↗Tampen,
- **Ösfaß** für Jollen, kleine Boote.

Ösfaß: *Eine Art kleiner Eimer zum Wasserschöpfen*

Schlagpütz: *Eimer*

Tampen: *Tau, dicke Leine zum Festhalten*

Wenn eine Pumpe nicht funktioniert, kann das an einer der beiden häufigsten Ursachen liegen:

- **Verstopfung des Ansaugkorbes** durch Lappen, Kleidungsstücke oder ähnliches. Die Pumpe saugt sofort wieder, wenn der Gegenstand entfernt wurde. Dafür ist es aber notwendig, daß die Ansaugkörbe leicht zugänglich eingebaut werden und die Mitfahrer wissen, wo diese sich überhaupt befinden.

- **Luft in der Pumpe.** Dies kann bei älteren Arten von Pumpen oder bei Undichtigkeiten und Löchern im Ansaugschlauch oder Pumpengehäuse der Fall sein. Wenn die Pumpen Entlüftungsmöglichkeiten haben, sind diese zu benutzen, ansonsten gilt (einmal mehr), daß auch die Pumpen vor Antritt der Reise und auch zwischendurch auf ihre Funktion überprüft werden sollten.

Erste-Hilfe-Ausrüstung

englisch: *first-aid box*

Das Mindeste an Erster-Hilfe-Ausrüstung ist der **Verbandkasten,** wie wir ihn aus unseren Autos kennen. Für kleinere Verletzungen und Wehwehchen ist er ausreichend. Auf längeren Seefahrten, eventuell noch weit ab von Häfen und Küsten, wird aber schon einiges mehr an Material für Erste Hilfe und medizinische Notversorgung benötigt.

Weitergehende Hinweise zum Thema gibt die Broschüre „Medizin auf See", erschienen im DSV-Verlag Hamburg.

Abhängig von der Anzahl der Besatzungsmitglieder und dem Reiseziel gibt es vorbereitete Ausstattungslisten für medizinisches Gerät und Medikamente. Viele Medikamente erfordern spezielle Lagerbedingungen hinsichtlich Temperatur und Feuchtigkeit.

Wer einen längeren Törn plant, der sollte sich im Rahmen des empfohlenen Gesundheitschecks gleich die für ihn eventuell notwendigen Medikamente verschreiben lassen.

Checkliste Bordapotheke

Auf jeden Fall sollten Medikamente gegen folgende Beschwerden vorhanden sein:

- ❑ *Schmerzen (Kopf-, Zahn-)*
- ❑ *Fieber*
- ❑ *Erkältungen (Husten, Schnupfen, Halsschmerzen)*
- ❑ *Ohren- und Augenentzündungen*
- ❑ *Insektenstiche und Sonnenbrand*
- ❑ *Hautentzündungen, Furunkel*
- ❑ *Hautpilz*
- ❑ *Übelkeit, Erbrechen*
- ❑ *Sportverletzungen (Verstauchungen, Prellungen, Zerrungen)*
- ❑ *Reisekrankheit*
- ❑ *Verbrennungen/Verbrühungen*
- ❑ *Allergische Reaktionen*

Mit einer gut ausgestatteten Seefunk- oder Satellitenkommunikationsanlage hat man die Möglichkeit, bei ernsthaften Erkrankungen oder Unfällen auch auf hoher See eine **funkärztliche Beratung** einzuholen. Der „Bordfunker“ sollte mit diesem Verfahren vertraut sein.

Seenotsignalmittel

Arten von Seenotsignalmitteln

Die klassischen Seenotsignale sind Signalraketen, Handfackeln und Rauchsignale. Die im Handel erhältlichen professionellen Signalmittel sind im folgenden aufgeführt. Die angegebenen **Sichtweiten** sind Maximalwerte und nur bei guten Wetterlagen zutreffend. Sie können bei Sturm, Niederschlägen und Nebel erheblich reduziert sein.

englisch: *distress signals*

Fallschirmsignalrakete, rot, Handauslösung

- *Steighöhe:* *300 m*
- *Leuchtdauer:* *30 Sekunden*
- *Sichtweite bei Tag:* *4 Seemeilen*
- *Sichtweite bei Nacht:* *20 Seemeilen*
- *Verwendung:* *Langstreckenfahrt, Berufsschiffahrt*
- *Bemerkung:* *Segel-/Motorbootführerschein als Bezugsberechtigung erforderlich*

Fallschirmsignalpatrone, rot,
für Signalpistole Kaliber 4 (26,5 mm)

- *Steighöhe:* *300 m*
- *Leuchtdauer* *30 Sekunden*
- *Sichtweite bei Tag* *4 Seemeilen*
- *Sichtweitze bei Nacht* *20 Seemeilen*
- *Verwendung:* *Langstreckenfahrt, Berufsschiffahrt*
- *Bemerkung:* *Signalpistole ist erwerbscheinpflichtig*

Signalpatrone, rot,
für Signalpistole Kaliber 4 (26,5 mm)

- *Steighöhe:* *120 m*
- *Leuchtdauer:* *8 Sekunden*
- *Sichtweite bei Tag:* *2 Seemeilen*
- *Sichtweite bei Nacht:* *15 Seemeilen*
- *Verwendung:* *Langstreckenfahrt, Berufsschiffahrt*
- *Bemerkung:* *Signalpistole ist erwerbscheinpflichtig*

Signalrakete, rot, Handauslösung

- *Steighöhe:* *80 m*
- *Leuchtdauer:* *8 Sekunden*
- *Sichtweite bei Tag:* *1 Seemeile*
- *Sichtweite bei Nacht:* *10 Seemeilen*
- *Verwendung:* *Binnen-/Küstenfahrt, kleine Boote, Surfer*

Handfackel, rot

- *Leuchtdauer:* *60 Sekunden*
- *Sichtweite bei Tag:* *2,5 Seemeilen*
- *Sichtweite bei Nacht:* *12,5 Seemeilen*
- *Verwendung:* *Langstreckenfahrt, Berufsschiffahrt*

Rauchfackel, orange

- *Rauchdauer:* *60 Sekunden*
- *Sichtweite bei Tag:* *2 Seemeilen*
- *Verwendung:* *Binnen-/Küstenfahrt, kleine Boote, Surfer*

Signalpatronen für Signalgeber (Signalstifte), rot

- *Steighöhe:* *75 m*
- *Leuchtdauer:* *5 Sekunden*
- *Sichtweite bei Tag:* *1 Seemeile*
- *Sichtweite bei Nacht:* *10 Seemeilen*
- *Verwendung:* *Binnen-/Küstenfahrt, kleine Boote, Surfer*

Die Signale sind in **wasserdichten Kombipacks** erhältlich, individuell für Bootsgröße und befahrenes Seegebiet zusammengestellt. Nach spätestens drei Jahren sollten die Signale nicht mehr verwendet werden, sie sind dann auszutauschen.

Die Verwendung überlagerter Signalmunition kann zu gefährlichen Fehlfunktionen führen.

Bei Urlaubsflügen ist zu beachten, daß die aufgeführten Signale **im Luftverkehr als Gefahrgut** gelten. Nähere Informationen über das aktuelle Anmeldeverfahren sind rechtzeitig bei den Fluggesellschaften einzuholen.

Einsatzgebiete

Zur Benutzung sollte man an einer **Einweisung mit praktischen Übungen** teilgenommen haben. Diese ist Teil der Segel- und Motorbootführerscheinausbildung, die ich bereits erwähnt und empfohlen habe. Nun kann aber tatsächlich einmal der Fall eintreten, daß man auch ohne vorherige Schulung ein Seenotsignal benutzen muß, vielleicht ist man der einzige Unverletzte oder gar Überlebende einer Havarie. Welches Signal ist wann anzuwenden?

Signalraketen sparsam verwenden

Wenn nur wenig Signale vorhanden sind, müssen sie mit Bedacht eingesetzt werden:

- *Die erste Rakete, um auf sich aufmerksam zu machen,*
- *die zweite kurz darauf (nach zirka 30 Sekunden), um eine Einpeilung zu ermöglichen,*
- *die dritte, wenn sich Fahrzeuge annähern,*
- *die restlichen Raketen als Reserve.*

Fallschirmsignale können am weitesten gesehen werden. Sie sind deshalb in einem weiten Gebiet gut geeignet.

Die kleineren **Signalpatronen** sind eher in Landnähe und dicht befahrenen Seegebieten einsetzbar.

Handfackeln können nur auf anderen Fahrzeugen erkannt werden, die sich bereits deutlich im

Sichtbereich aufhalten. Sie sind also nur zu benutzen, wenn sich ein Fahrzeug (z. B. Hubschrauber) in der Nähe befindet. Bei Nacht und guter Sicht ist die Reichweite um ein vielfaches größer als am Tage und bei Niederschlägen.

Rauch ist natürlich nur bei Tag benutzbar, die Sichtweite ist, vor allem bei Wind, recht gering.

Benutzung der Seenotsignalmittel

Da der Bootsführer den Mitreisenden bereits vor dem Auslaufen den Lagerort des Notpacks mit den Signalmitteln gezeigt hat, haben Sie schnell die richtigen Signale zur Hand. Alle Signale, die von Hand (nicht mit der Pistole) ausgelöst werden, haben eine **Gebrauchsanweisung** aufgedruckt, das System ist immer ähnlich: Am unteren Ende, am Boden des Signals, befindet sich eine Sicherungskappe. Diese ist abzuschrauben, der Auslöser, meist eine Reißleine, liegt jetzt frei. Das Signal wird nun senkrecht über den Kopf gehalten.

! Beim Abschuß von Signalmitteln unbedingt beachten, ob sich Hindernisse (Segel, Masten, Antennen) oder **Personen in der Schußbahn** befinden, dabei den Wind einplanen.

Mit der freien Hand wird ruckartig am Auslöser gezogen. Aktivierte Fackeln sind so zu halten, daß die glühenden Partikel durch den Wind auf das freie Wasser geweht werden können. Es ist immer gefährlich, Fackeln in Rettungsinseln zu verwenden. Man sollte sie dort nur benutzen, wenn Hilfe in der Nähe ist, z. B. um ein vorbeifahrendes Schiff auf sich aufmerksam zu machen. Dabei ist besonders auf Funkenflug zu achten, manche Rettungsinsel wurde schon auf diese Art beschädigt.

Die **Signalpistole** ist mit einem kleinen Hebel, meist hinter dem Lauf gelegen, zu entriegeln, so daß der Lauf aufklappen kann. Hat man noch Signalmunition für andere Zwecke als den Seenotfall an Bord – z. B. als Signalmittel für Regatten, so muß man im Notfall die richtige Munition schnell erkennen können. Die Art der Munition ist auf der Patrone aufgedruckt.

Die Patrone wird von hinten in den Lauf geschoben, dieser wird nach oben gedrückt, bis er spürbar einrastet. Zum Abschuß wird die Pistole mit ausgestrecktem Arm über den Kopf gehalten, erst jetzt wird sie entsichert, falls eine Sicherung vorhanden ist. Ein kleiner Hebel auf der linken Seite der Waffe (das ist die Seite, auf die man blickt, wenn die Pistole in der rechten Hand gehalten wird) wird in Stellung „F" gebracht (oder vergleichbare Markierung).

Prüfen Sie jetzt noch einmal, ob evt. Personen oder Gegenstände sich in der Schußbahn befinden. Dann wird der Hahn des Schlaghebels gespannt und der Abzug kräftig durchgezogen. Bekommen Sie keinen Schreck, der Knall ist laut, und es kann einen heftigen Rückstoß geben.

Erkennen der Munitionsart

Wenn der Aufdruck nicht lesbar sein sollte, kann man die Munitionsart auch am Patronenboden erkennen.

- *Grüne Signale haben einen glatten Rand,*
- *weiße einen wechselnd glatten und geriffelten Rand und schließlich*
- *rote Signale, die Seenotmunition, haben einen „rauhen", durchgehend geriffelten Rand.*
- *Fallschirmsignalpatronen sind fast doppelt so lang wie die einfachen Signalsterne.*

Nicht zündende Munition ist über Bord zu werfen.

Bedenken Sie stets, **Seenotsignale, besonders die Signalpistolen, sind kein Spielzeug;** selbst die kleineren Signalmittel können bei falscher Bedienung lebensgefährlich für Sie und für Unbeteiligte sein.

Immer wieder kommt es an den Küsten vor, daß durch Dummheit oder Übermut **unnötige Rettungsaktionen** in die Wege geleitet werden, was übrigens im Zweifelsfall für den ungeschickten Verursacher einer Fehlalarmierung eine teuere Angelegenheit werden kann. Beobachtete Seenotsignale setzen immer einen großen Apparat in Gang. Schiffe, Hubschrauber, Suchflugzeuge werden aktiviert, die Rettungskräfte riskieren häufig ihr Leben für die vermeintlich Schiffbrüchigen.

Nie Signalmunition für ein privates Feuerwerk benutzen – auch nicht Silvester.

Alarmmittel bei Mann-über-Bord

Fällt ein Mitglied der Besatzung von Bord, wird unverzüglich MOB-Alarm ausgelöst. MOB steht für englisch „Man Over Bord".

MOB-Sender

Es gibt bereits kleine Sender, die sich bequem am Körper tragen lassen. Sie werden bei einem Sturz ins Wasser automatisch oder manuell aktiviert, so daß sie über Funk automatisch den MOB-Alarm auslösen. Aufwendige Ausführungen können sogar von einem Empfänger an Bord eingepeilt werden;, die Reichweite ist jedoch auf wenige hundert Meter begrenzt.

Moderne Sportboote sind mit ↗GPS-Navigationsanlagen ausgerüstet. Wird am Eingabegerät die sogenannte **MOB-Alarm-Taste** gedrückt, speichert das Gerät die aktuelle Position und zeigt automatisch den Kurs und die Entfernung zurück zu dieser Position an. Es braucht dann nur noch nach diesen Angaben gefahren zu werden, um wieder auf die Unfallposition zu gelangen.

Entscheidend ist dabei, wieviel Zeit zwischen dem Sturz ins Wasser und dem Betätigen der Alarmtaste vergeht. Bereits eine Differenz von 30 Sekunden kann bei einer gar nicht einmal hohen Bootsgeschwindigkeit von 10 bis 15 ↗Knoten eine Distanz von 200 Metern ergeben.

Eine im Wasser treibende Person ist bei Dunkelheit oder schlechtem Wetter auf diese Entfernung nicht einfach wiederzufinden.

Knoten:
1 Knoten = 1,85 km/h

Jeder an Bord sollte in der Lage sein, den Alarm auszulösen, auch wenn er sonst absolut keine Ader für Navigation oder Technik hat.

Die Funkanlage

Ich habe einen dramatischen Fall erlebt, als auf einer Segelyacht der einzige „Profi" von einer Welle über Bord gespült wurde und die Mitsegler das Boot nicht mehr unter Kontrolle halten konnten. Irgendwann versuchten sie, über Funk Hilfe zu holen. Mehrere Schiffe, so auch meins, hörten mit und fragten nach der Position und weiteren notwendigen Informationen. Die Segler waren aber mittlerweile so kopflos, daß es eine lange Zeit dauerte, bis die Daten übermittelt werden konnten. Die Rettung traf leider zu spät ein.

Der Praxis-Band „Orientierung mit Kompaß und GPS" enhält professionelle Hinweise zur Thematik GPS

Die Minimalausstattung einer Yacht in Küstenfahrt umfaßt ein **UKW-Seefunkgerät,** in den USA statt dessen häufig auch ein leistungsstarkes ↗CB-Funkgerät.

CB = Citizen Band
genehmigungsfreier Funkverkehr auf speziell zugewiesenen Frequenzen

An den besiedelten Küsten Europas kann man eine Verbindung mittels **Mobiltelefon (Handy)** bis zu einer Entfernung von 30 Kilometern erreichen. Meist gilt: Ist die Küste in Sicht (besiedelt, wohlgemerkt), so hat man auch Telefonverbindung.

Gut ausgestattete Hochseeyachten verfügen über **Kurzwellenfunk und Satellitenkommunikationsanlagen** für Telefon und Telefax. Wer an einer längeren Fahrt teilnimmt, wird ohnehin meist irgendwann das Telefon nutzen. Das ist der richtige Zeitpunkt, um sich gleich einmal zeigen zu lassen, wie die Anlage im Notfall bedient werden kann.

GPS:
Global Positioning System. Satellitengestütztes Navigationsgerät. Zeigt jederzeit mit hoher Genauigkeit die Position des Bootes an.

GMDSS: *Global Maritime Distress and Safety System, Weltweites Seenot- und Sicherheits-funksystem*

Sollte die Funkanlage zusätzlich mit dem ➚GMDSS ausgerüstet sein, so genügt meist ein Knopfdruck, um automatisch einen kompletten Seenotspruch zu senden.

Der technische Fortschritt in der Satellitenkommunikation und -navigation hat in den vergangenen Jahren zur Entwicklung völlig neuer Alarm- und Rettungssender geführt, die mittlerweile relativ günstig in den Anschaffungskosten sind und sich bequem auf Yachten mitführen lassen. Es handelt

Checkliste Funknotruf

Wenn über Telefon oder Funk Hilfe gerufen wird, so müssen, wie bei einem Autounfall, die entscheidenden Fakten übermittelt werden:

- ❑ ***Wer meldet?*** *– Bootsname.*
- ❑ ***Wo ist der Standort?*** *– Von der GPS-Anzeige ablesen, wenn Unklarheit besteht, sind ungefähre Angaben zu machen: Seezeichen, Landmarken, letzter bekannter Ort usw.*
- ❑ ***Was ist geschehen?*** *– Feuer, Leck, Mann über Bord.*
- ❑ ***Weitere Informationen*** *– Personen an Bord, Verletzte, welche Hilfeleistung ist erforderlich usw.*
- ❑ *Bei Notruf über Telefon ist die* ***Nummer des benutzten Telefons*** *für eventuelle Rückrufe anzugeben.*

Ein Merkzettel mit Standard-Notsprüchen *– evt. auch in englischer Sprache – in der Nähe des Telefons oder der Funkanlage sind sehr hilfreich, wenn es im Ernstfall hektisch wird.*

sich um die sogenannten ↗EPIRBs, **Notsignalgeräte,** die automatisch über Satellit eine Notfallmeldung mit Position an die Rettungsdienste melden. Das Notsignal wird entweder manuell, durch einfaches Betätigen eines Schalters, oder automatisch, bei Sinken des Schiffes, ausgelöst. Das EPIRB schwimmt auch nach Untergang des Schiffes als Notboje und sendet weiterhin über 48 Stunden lang Signale aus. Es gibt handliche Modelle, die mit in die Rettungsinsel genommen werden können. Das ist sehr sinnvoll, weil eine Rettungsinsel ganz anders vertreibt als eine Boje. Da es viele Modelle auf dem Markt gibt, kann ich hier keine allgemeine Anleitung zum Aktivieren des Notrufs geben, auch hierfür gilt: Rechtzeitig erklären lassen.

EPIRB: *Emergency Position Indicating Radio Beacon, deutsch: Positionsanzeigende Not-Funkbake*

Verhalten an Bord

Sie sind jetzt in die Rettungsmittel eingewiesen worden, das Anlegen von Rettungsweste und Gurt ist geübt worden, die Feuerlöscher und Lenzpumpen können Sie betätigen. Als nächstens gilt es, die Bordroutine, die alltäglichen Handgriffe und Abläufe auf einem Boot kennenzulernen. Im folgenden soll nur das sicherheitsrelevante Verhalten betrachtet werden. Die folgenden Bemerkungen klingen sehr gefährlich, ständig muß man aufpassen, überall lauern Gefahren. Nach kurzer Zeit hat man sich aber schon an die Besonderheiten auf einem Boot gewöhnt, mit etwas Mitdenken und Aufmerksamkeit steht einer schönen Urlaubsfahrt nichts mehr im Weg.

Heizungen und Kocher sind – wie bereits erwähnt – Gefahrenquellen, völlig unabhängig davon, wie sie betrieben werden. Man darf sie nie ohne Aufsicht lassen! Bei Seegang oder hineinspritzendem Wasser kann sich leicht ein Kurzschluß oder

Brand ereignen. Kocher und Herde sind auch gefährlich für denjenigen, der sie bedient. Ein plötzliches Überholen des Bootes, schon hat man das kochende Wasser auf Armen und Beinen.

Eine besondere Rolle spielt die Toilette an Bord. Kleinere Yachten und ältere Boote verfügen meist über ein **WC ohne Fäkalsammeltank.** Nach Verrichten des Geschäfts müssen bei diesen sogenannten Pump-WCs Ventile nach außenbord geöffnet werden, das mit Seewasser gefüllte Becken ist danach mit Pumphebeln oder Pedalen zu entleeren. Unzählige Yachten sind schon untergegangen, weil das WC falsch bedient wurde, wenn vergessen wurde, die Seeventile wieder zu schließen. Abzudrehen nach dem Gebrauch ist auch das fließende Wasser in Duschen und an Wasserhähnen, ohnehin sollte mit Frischwasser an Bord immer sparsam umgegangen werden.

Bäume: *Querstangen an den Masten, an denen die Unterkanten der Segel befestigt sind.*

Besonders gefährlich wird es, wenn das Boot mit einem Pump-WC ausgerüstet ist, bei dem der **obere Rand des Toilettenbeckens sich unterhalb der Wasserlinie** befindet. Dieses Boot geht sogar an seinem Liegeplatz im Hafen unter, wenn die Ventile auch nur geringe Mengen an Wasser durchlassen können.

Niemals darf man Abfälle in ein Yacht-WC werfen. Sie können sich in den Dichtungen und Ventilen festsetzen, diese damit undicht machen.

An Deck von Segelbooten hüte man sich davor, in den Bereich der ↗Bäume zu kommen. Dreht der Wind etwas, oder geht das Boot auf einen anderen Kurs, schon liegt der Unachtsame im Wasser oder hat eine heftige Beule oder Platzwunde am Kopf.

Das Tauwerk bietet so manches Risiko für den Unkundigen. Böse Verletzungen kann es geben, falls sich ein Fuß oder eine Hand zwischen Tauen befindet, die plötzlich unter Belastung geraten. Derart auftretende Kräfte von mehreren Tonnen sind in der Lage, Körperteile mit einem Ruck zu amputieren.

Das **Baden vom Boot aus** macht Spaß. Weniger spaßig ist es aber, wenn man anschließend merkt, daß man nicht mehr ohne Hilfe ins Boot zurückkommt. Die nur einen Meter hohe Bordwand kann unüberwindbar sein. Vor einigen Jahren wurde im Mittelmeer eine Yacht aufgefunden, deren gesamte Besatzung ertrunken in der Nähe des Bootes trieb. Zuerst wurde ein Massenselbstmord vermutet, bis die Ermittlungen ergaben, daß alle gleichzeitig gebadet hatten. Ohne Hilfe von Bord aus hatten sie es nicht geschafft, wieder in das Boot zu gelangen.

Selbst mit Hilfe der an Bord gebliebenen Mitreisenden kann es sehr schwierig werden, an einer glatten Bordwand hinaufzugelangen. Ein einfaches Mittel ist die festmontierte oder klappbare Badeleiter, meist am Heck des Bootes. Als Improvisation mag schon eine stabile Strickleiter ausreichen.

026me Abb.: mf

Schon die Bordwand dieser kleinen Yacht kann zur tödlichen Falle werden. Deshalb ist am Heck eine Leiter angebracht.

Wetteranzeichen

Besonders auf dem Meer ist die Kenntnis der Wetterentwicklung von großer Bedeutung. Stehen keine genauen Wettervorhersagen zur Verfügung oder möchte man sich ein eigenes Bild von der Wetterentwicklung machen, so gibt es in der Natur eine Vielzahl von Anzeichen, an denen sich eine Wetterveränderung erkennen läßt. Ich führe bewußt keine Methoden auf, die Geräte wie etwa Barometer, Barograph oder Windgeschwindigkeitsmesser erfordern. Auch benutze ich keine meteorologischen Fachbegriffe und verzichte auf eine wissenschaftlich korrekte Bezeichnung der Wolkenarten. Für unsere Zwecke unnötiger Ballast. Insgesamt stellt die Methode der „Bauernregeln" ein recht sicheres Instrumentarium dar. Es empfiehlt sich, eigene Erfahrungen zu machen. Der Kontakt mit der Natur bringt viel mehr Verständnis und Gefühl für Klima und Wetter als das stundenlange Studieren von Fachliteratur und TV-Sendungen zum gleichen Thema.

Es sollten immer mehrere Anzeichen für eine Wetterveränderung gleichzeitig auftreten, eines allein ist noch nicht unbedingt aussagekräftig, vor allem, wenn man die unterschiedlichen Klimazonen der Erde betrachtet. Auch können die Beobachtungen durch Städte und Industrieanlagen mit ihrer Abgas- und Wärmeentwicklung beeinträchtigt und verfälscht werden.

Sonnenauf- und -untergang

Die Himmelsfarbe beim Auf- und Untergehen der Sonne kann auf Wetteränderungen hinweisen. **Morgenrot,** besonders mit feurigen Farben, bedeutet meist schlechtes Wetter noch am gleichen Tag, während ein diesiger, grauer Morgen und eine

Abendröte gutes Wetter verheißen. Ein **gelblichgrüner Sonnenuntergang** deutet auf schlechtes Wetter hin. Erscheint die **Sonne beim Untergehen groß und glänzend,** ist mehr Wind zu erwarten.

Sonne und Mond

Feine helle oder regenbogenartig gefärbte weite Ringe oder Höfe um Mond oder Sonne verheißen schlechtes Wetter mit viel Wind und Niederschlägen. Diese Höfe werden erzeugt durch feine Eiskristalle in hohen Luftschichten; sie sind Vorboten von Schlechtwetterfronten.

Ein **roter Mond** deutet auf Wind. Gutes Wetter gibt es, wenn der **Mond scharfe Konturen** zeigt und silbrig leuchtet.

Wolken

„Schäfchenwolken" haben im Laufe des kommenden Tages Niederschlag zur Folge. Wenn der Himmel aussieht wie „das Fell am Bauch eines Schafes", ist mit heftigen Niederschlägen zu rechnen.

Viele unterschiedliche Wolkenschichten gleichzeitig am Himmel sind eine Folge von „Unruhe" in der Atmosphäre. Massives Schlechtwetter steht ins Haus. Es steht unmittelbar bevor, wenn die Wolkendecke immer niedriger wird. Ein schlechtes Zeichen sind stets auch außergewöhnliche Färbungen und Formen von Wolken.

Ein wolkenloser Himmel am Morgen und am Abend sowie **Haufenwolken über Mittag** deuten auf beständiges Schönwetter hin. Diese allseits vertrauten „Schönwetterwolken" können aber auch Unwetter bringen, wenn sie sich immer höher auftürmen. Sollte sich die Oberkante zu einer typischen Amboßform ausbreiten, kündigt sich mit hoher Wahrscheinlichkeit ein Gewitter an.

Dünne „Federwolken“ in hohen Luftschichten sind eher ein Vorbote guten Wetters, vor allem, wenn sie sich allmählich auflösen. In tropischen und subtropischen Gegenden sind jedoch **langgezogene „Federwölkchen“,** die sich strahlenförmig von einem Punkt am Horizont ausbreiten, ein Indiz für einen herannahenden Wirbelsturm.

In einem Gewitter droht eine Windhose oder ein Tornado, wenn sich in der unteren Wolkenschicht Zonen bilden, die auf relativ engem Raum zu rotieren beginnen. Es geht zur Sache, wenn sich aus diesem Gebiet ein **Wolkenschlauch Richtung Boden** entwickelt.

Wind

Häufig wechselnde Windrichtungen deuten auf einen Wetterumschwung, meist auf Verschlechterung, hin. Dies ist auch zu erwarten, **wenn hohe Wolken eine andere Zugrichtung haben,** als der Wind, den wir spüren. Das schlechte Wetter kommt dann aus der Richtung der ziehenden Wolken.

Temperatur

Ein **konstanter Verlauf** der Tagestemperaturen mit einem Tiefstand vor Sonnenaufgang und einem Höchststand am frühen Nachmittag ist ein Zeichen einer stabilen Schönwetterlage.

Luftfeuchtigkeit

Auch **Morgentau** auf Vegetation und Gegenständen (gut auf Autos zu erkennen) bedeutet für den Tag gutes Wetter. Bei **Trockenheit am Morgen** ist im Laufe des Tages mit Niederschlag zu rechnen.

Wenn es **abends neblig** wird, ist kurzfristig mit Niederschlägen zu rechnen.

Rauch

Steigt Rauch aus Schornsteinen **senkrecht in einer dünnen Säule** empor, so ist das ein Anzeichen für gutes Wetter. Sturm ist zu erwarten, wenn der **Rauch sich am Boden** ausbreitet.

Auch Ausdünstungen aus Abflüssen und Kanalisation machen sich bei nahendem Schlechtwetter mehr als sonst bemerkbar.

Wellen

Eine lange Dünung, **Brecher am Strand, ohne daß deutlich Wind spürbar ist,** können erste Anzeichen eines herannahenden tropischen Wirbelsturms sein. Die Wellen pflanzen sich auf dem Ozean gradlinig vom Sturmzentrum in Form der Dünung sehr weit fort.

Zum Verhalten bei Wirbelstürmen gibt der Autor ausführliche Hinweise in seinem „Survival-Handbuch Naturkatastrophen"

Verhalten von Tieren

Bei einer Wetterlage, die Niederschlag erwarten läßt, fliegen die Insekten und damit auch die **Vögel,** die sich von ihnen ernähren, tiefer. **Fische** können an die Wasseroberfläche kommen, sogar aus dem Wasser schnellen.

Insekten werden vor einem Sturm zusätzlich aktiver, Mücken stechen mit Begeisterung. Ausnahme: **Bienen** zeigen sich eher bei bevorstehendem ruhigen Wetter.

Windstärken (nach Beaufort)

Windstärke	Windgeschwindigkeit in m/s	Windgeschwindigkeit in Knoten (in km/h)	Bezeichnung
0	*0 bis 0,2*	*0 bis 1 (0 bis 1)*	*windstill*
1	*0,3 bis 1,5*	*1 bis 3 (2 bis 5)*	*leichter Zug*
2	*1,6 bis 3,3*	*4 bis 6 (6 bis 11)*	*leichte Brise*
3	*3,4 bis 5,4*	*7 bis 10 (12 bis 19)*	*schwache Brise*
4	*5,5 bis 7,9*	*11 bis 15 (20 bis 28)*	*mäßige Brise*
5	*8,0 bis 10,7*	*16 bis 21 (29 bis 38)*	*frische Brise*
6	*10,8 bis 13,8*	*22 bis 27 (39 bis 49)*	*starker Wind*
7	*13,9 bis 17,1*	*28 bis 33 (50 bis 61)*	*steifer Wind*
8	*17,2 bis 20,7*	*34 bis 40 (62 bis 74)*	*stürmischer Wind*
9	*20,8 bis 24,4*	*41 bis 47 (75 bis 87)*	*Sturm*
10	*24,5 bis 28,4*	*48 bis 55 (88 bis 102)*	*schwerer Sturm*
11	*28,5 bis 32,6*	*56 bis 63 (103 bis 117)*	*orkanartiger Sturm*
12	*über 32,7*	*über 64 (über 118)*	*Orkan*

Die Windgeschwindigkeiten beziehen sich auf eine Höhe von 10 m über Bodenniveau, in 1-2 m Höhe sind bei offenem Gelände 10 % abzuziehen.

Anzeichen an Land	**Seegang (Stärke)**	**Wellenhöhe (freies Meer)**
Rauch steigt senkrecht hoch	*völlig glatte See (0)*	*0 m*
Rauch schwach bewegt	*sehr ruhige See(1)*	*0-1 m*
für den Menschen spürbar	*ruhige See (2)*	*1-2 m*
Blätter leicht bewegt	*leicht bewegte See (3)*	*2-3 m*
hebt Staub und loses Papier	*mäßig bewegte See (4)*	*3-4 m*
kleinere Bäume schwanken	*ziemlich grobe See (5)*	*4-5 m*
heult an Häusern	*grobe See (6)*	*6-7 m*
Schaumköpfe auf Gewässern	*hohe See (7)*	*8-9 m*
hindert am Gehen	*hohe See (7)*	*8-9 m*
deckt Ziegel ab	*sehr hohe See (8)*	*10-12 m*
wirft Bäume um	*sehr hohe See (8)*	*10-12 m*
schwere Zerstörungen	*schwere See (9)*	*über 12 m*
schwerste Verwüstungen	*gewaltige See (9)*	*über 12 m*

Bezeichnungen der Windstärken

Bf	deutsch	englisch	französisch	spanisch
0	*Windstille*	*calm*	*calme*	*calma*
1	*Leichter Zug*	*light air*	*très légère brise*	*ventolina*
2	*Leichte Brise*	*slight breeze*	*légère brise*	*flojito*
3	*Schwache Brise*	*gentle breeze*	*petite brise*	*flojo*
4	*Mäßige Brise*	*moderate breeze*	*jolie brise*	*bonancible*
5	*Frische Brise*	*fresh breeze*	*bonne brise*	*fresquito*
6	*Starker Wind*	*strong breeze*	*vent frais*	*fresco*
7	*Steifer Wind*	*moderate gale*	*grand frais*	*frescachón*
8	*Stürmischer Wind*	*fresh gale*	*coup de vent*	*duro*
9	*Sturm*	*strong gale*	*fort coup de vent*	*muy duro*
10	*Schwerer Sturm*	*whole gale*	*tempte*	*temporal*
11	*Orkanartiger Sturm*	*storm*	*violente tempte*	*borrasca*
12	*Orkan*	*hurricane*	*ouragan*	*huracán*

Bf = Beaufort

In Wetterberichten werden zwei Warnstufen ausgegeben:
die Starkwindwarnung bei Windstärken von 6-7 Bf
und die Sturmwarnung bei Windstärken von mehr als 8 Bf.

027me Abb.: kf

Seegang 7: hohe See

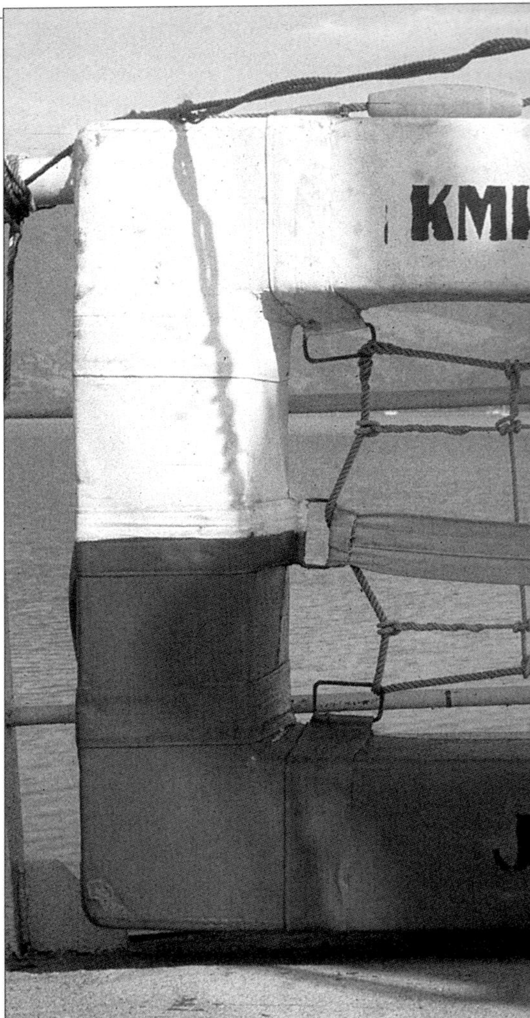
028me Abb.: pr

Notsituationen auf dem Schiff

Im direkten Kontakt mit den Naturgewalten besteht natürlich ein gewisses Restrisiko, ein Törn mit einem kleinen Boot auf dem Ozean ist nun einmal etwas anderes als die Fahrt mit der Straßenbahn. Schnell kann eine Situation von normal zu extrem umschlagen, oder auch: „shit happens" (deutsch: „Man darf sich nicht wundern, wenn sich unangenehme Situationen unvorhergesehen entwickeln"), wie der Fachmann sagt.

Mann über Bord

Fast jeder Wassersportler oder Berufsseefahrer hat es schon miterlebt, daß jemand in das Wasser gestürzt ist oder von einer Welle über Bord gespült wurde. Eine kurze Unachtsamkeit, zu sorgloses Verhalten, Einflüsse von extremem Wetter, Materialermüdung und -versagen, plötzlich schwimmt man im Wasser und sieht, wie sein Boot langsam verschwindet.

Ohne spezielle Schutzbekleidung kühlt man rasch aus, in nördlichen Gewässern lassen sich bereits nach wenigen Minuten die Finger nicht mehr bewegen, in wärmeren Gegenden hat man noch etwas länger Zeit.

Tod durch Unterkühlung
Die aus den USA stammende ***„50-50-50-Regel"*** *besagt: Im Wasser mit einer Temperatur von 50° Fahrenheit (entspricht 10° Celsius) sterben bereits 50 % der Schiffbrüchigen innerhalb von 50 Minuten an Unterkühlung. Es kommt bei der Bergung also auf jede Minute an.*

Wie verhält sich der im Wasser Treibende?

Die Rettungsweste ist unverzüglich zu aktivieren. Dann muß man **sich bemerkbar machen,** solange sich das Boot noch in der Nähe befindet. Vielleicht hat niemand den Sturz bemerkt. Auch wenn das

Boot sich jetzt immer noch entfernt, vielleicht sogar außer Sicht gerät, dürfen Sie sich nicht beunruhigen lassen, nur nicht in Panik geraten. Es kann einen Moment dauern, bis die ersten Maßnahmen an Bord wirksam werden, bis die Besatzung alarmiert ist und das Boot auf neuen Kurs kommt. Motorboote reagieren schneller als Segelboote, bei denen erst der Motor angelassen werden und/oder die Segelstellung verändert werden muß.

Versuchen Sie nicht, dem Boot hinterher zu schwimmen, teilen Sie Ihre Kräfte gut ein. Schwimmbewegungen kosten viel Energie, die der Körper zum Warmhalten dringend benötigt.

Ziehen Sie auf keinen Fall Kleidungsstücke im Wasser aus. Auch nasse Bekleidung sorgt noch für eine schützende Wärmeschicht auf der Haut. Selbst Stiefel, die einen ja angeblich „hinabziehen", sind deswegen anzubehalten. Die Rettungsweste hat genügend Auftrieb.

Beschäftigen Sie sich lieber mit dem Zubehör der Weste. Ziehen Sie die Kapuze über den Kopf, wenn eine vorhanden ist. Eventuell läßt sich eine Blinklampe einschalten.

Was geschieht an Bord?

Mit dem Ruf „Mann über Bord" ist sofort die ganze Besatzung zu alarmieren. Wer die Gelegenheit hat, wirft dem im Wasser Treibenden ein Rettungsmittel zu, z.B. eine Rettungsboje, einen Rettungsring mit Nachtlicht o.ä. Diese befinden sich meist im Bereich des Ruders (des Steuers) bzw. am Heck des Bootes. Eine Einweisung auch in diese Geräte hat ja bereits stattgefunden.

Jetzt sollte sich eine gut geübte Rettungsaktion mit festgelegten Rollen der einzelnen Mitfahrer abspielen. Vieles ist gleichzeitig zu bedenken, Maßnahmen sind einzuleiten, insgesamt eine Situation voller Streß für alle Beteiligten. Nicht umsonst werden diese Notsituationen in der Berufsschiffahrt drillmäßig eingeübt. Der Notfall „Mann-über-Bord“ muß bei Beginn jeder Reise geübt werden, die Aufgaben jedes einzelnen müssen eindeutig verteilt sein.

Der Wille zum Überleben

Wenn alles gut geht, kommt das Boot bald wieder auf Sie zu, die Zeit wird Ihnen aber extrem lang vorkommen. Denken Sie daran, es gab über Bord Gefallene, die erst nach mehr als zwölf Stunden lebend gerettet wurden. Wer sich aufgibt, hat nur eine geringe Überlebenschance.

Die wichtigsten Maßnahmen bei "Mann über Bord"

- ***Besatzung alarmieren,***
- ***Rettungsring zuwerfen,***
- *den über Bord Gegangenen fest im Auge behalten,* ***Blickkontakt*** *erleichtert das Wiederfinden erheblich,*
- ***MOB-Alarm am GPS-Navigationsgerät*** *betätigen,*
- ***auf Segelbooten: Maschine starten,*** *es läßt sich mit Maschine wesentlich leichter und flexibler reagieren als nur unter Segeln,*
- Boote in der Nähe informieren, um Hilfe bitten,
- **Decken, warme Getränke** zum Wiedererwärmen *vorbereiten (kein Alkohol!),*
- ***Bergung vorbereiten,*** *Badeleiter abklappen oder Strickleiter ausbringen; auf größeren Booten: Beiboot klarmachen und gegebenenfalls aussetzen,*
- *wenn die Suche oder Bergung länger dauert, eine ernsthafte Unterkühlung zu befürchten ist, muß ein* ***Seefunknotruf vorbereitet werden,*** *falls kein Funkgerät an Bord: Seenotsignale bereithalten.*

Bergung des Verunglückten

Wenn alles glücklich abläuft und das Boot nach kurzer Zeit wieder direkt beim Verunglückten anlangt, so muß er jetzt unverzüglich geborgen werden.

An der Kieler Förde ist noch gut das Segelboot in Erinnerung, dessen Eigner an einem relativ schönen Sommertag zwischen Kiel und Eckernförde, gar nicht weit entfernt von der Küste, über Bord ging. Nur wenige Minuten dauerte es, schon konnte ihm eine Leine zugeworfen werden, es gab nur noch das Problem, ihn die circa ein Meter hohe, glatte Bordwand hinaufzubefördern. Der Betroffene selbst schaffte es nicht, sich an den Seilen emporzuziehen, nach einiger Zeit waren seine Finger so klamm, daß er nicht mehr richtig zugreifen konnte. Leider gelang es der Crew auch nicht, ihn in das Boot zu ziehen. Mit durchnäßter Bekleidung ist auch bei „normalgewichtigen" Menschen ein Gewicht von 100 Kilogramm und mehr leicht erreicht. Panik kam auf. Schließlich wurde der im Wasser Treibende längsseits am Boot festgebunden, und man nahm Kurs auf den Kieler Leuchtturm, in der Hoffnung, dort Hilfe zu bekommen. Die Besatzung eines Lotsenbootes wurde auf das merkwürdige Verhalten der Segelyacht aufmerksam und fuhr ihr entgegen. Der Verunglückte konnte von den Helfern sofort geborgen werden, gab aber bereits keine Lebenszeichen mehr von sich. Der mit einem Hubschrauber eingetroffene Notarzt konnte nur noch den Tod feststellen.

Diese Begebenheit ist leider kein Einzelfall. Immer wieder müssen trotz einer gelungenen Suche sinnlose Opfer beklagt werden, da die Bergung nicht gelingt. Dabei gibt es zahlreiche Methoden, jemanden die Bordwand hinaufzubefördern. Am einfachsten ist es mit Hilfe einer **Bade- oder Strickleiter,** die der Betroffene selbst hinaufsteigen kann, solange er noch bei Kräften ist. Zur Hilfestellung kann ein guter Schwimmer in das Wasser springen, möglichst mit Neoprenanzug ausgestattet und gesichert durch eine Leine.

Winsch: *Das maritime Pendant zur Seilwinde*

Mit **Bäumen und ↗Winschen** mit Übersetzungen bieten Segelyachten zahlreiche Möglichkeiten, einen „Kran" zu simulieren, mit dessen Hilfe sich auch Schwergewichte aus dem Wasser ziehen lassen. Aber auch auf Motorbooten sind genug Hilfsmittel zur Hand – selbst wenn es die Ankerwinsch ist, mit der der Verunglückte aus dem Wasser gehievt wird.

Behandlung einer Unterkühlung

Ist die Bergung gelungen, ist der nächste Schritt die Behandlung einer Unterkühlung.

Wie kann man helfen? Zuerst ist natürlich die **Quelle der Auskühlung zu beseitigen.** Der Unterkühlte ist in eine windgeschützte, trockene Umgebung zu bringen. Sollte das nicht möglich sein, muß er nach Möglichkeit **vor einem weiteren Auskühlen durch Wind und Feuchtigkeit geschützt** werden. Dafür eignen sich Decken, Folien, Schlafsäcke und auch Zeitungspapier, das sehr gut gegen Kälte isoliert.

Solange der Unterkühlte noch ansprechbar ist und reagieren kann, muß er sich selbst aktiv erwärmen, er muß **sich bewegen.** Unterstützt wird die Erwärmung durch **heiße, gezuckerte Getränke,** nicht jedoch Alkohol. Durch Alkoholgenuß wird der Wärmeverlust nur beschleunigt.

Sollte sich bereits eine starke Störung des Bewußtseins bemerkbar machen, so ist der Betroffene **passiv zu erwärmen.** Flach auf dem Rücken liegend, wird er warm eingewickelt. Man nimmt abwechselnd Schichten von mit heißem Wasser durchnäßten Tüchern und trockenen Lagen, die diese Wärme halten. Ideal dafür sind die silberfarbenen Rettungsdecken, die in jeden Erste-Hilfe-Kasten gehören. Zur Not tun es auch Plastik-Müllsäcke. Es wird dabei nur der Rumpf eingewickelt, Arme und Beine bleiben vorerst frei, um zu verhindern, daß durch die derart angeregte Blutzirkulation das erheblich kältere Blut in den Extremitäten wieder zu schnell in den Rumpf zurückfließt und so die lebensnotwendige Kerntemperatur noch weiter absenkt.

Die **Atmung** ist dabei ständig zu überprüfen, setzt sie aus, so muß eine Atemspende gegeben werden.

Zu beachten ist auch der **Puls.** Bei Stillstand muß eine Herzmassage begonnen werden.

Stichwort Unterkühlung

Sinkt die Körpertemperatur ***unter 37° C,*** *so versucht der Körper sich selbst wieder durch vermehrte Muskelarbeit zu erwärmen, man beginnt zu zittern. Fällt die Körpertemperatur weiter, so hört das Zittern bei einer Kerntemperatur von* ***weniger als 34° C*** *wieder auf, es ist jetzt bereits eine ernsthafte Unterkühlung eingetreten. Die Atmung wird flacher und unregelmäßig, man wird zunehmend müde, das Bewußtsein kann bereits getrübt sein. Es kommt zu Kältekrämpfen. Bei einer Körpertemperatur von* ***unter 30° C*** *tritt Bewußtlosigkeit ein. Dies ist der berüchtigte Schlaf, aus dem der nun Erfrierende nicht mehr von alleine erwachen wird. Der Puls ist mittlerweile kaum noch zu spüren, der Körper fühlt sich bereits kalt an. Unterschreitet die Kerntemperatur des Körpers in der Folge die* ***Grenze von 28° C,*** *so tritt der Tod mit Atemstillstand und Herzversagen ein.*

Blitzschlag

Im Wasser stellt bereits der Kopf eines Schwimmers die höchste Erhebung in der Umgebung dar, das gilt erst recht für Boote mit ihren Masten und Aufbauten. In der Literatur findet sich immer wieder die Behauptung, die **statistische Wahrscheinlichkeit,** auf dem Wasser von einem Blitz getroffen zu werden, liegt bei Eins zu einer Million. Abgesehen davon, daß ich für diese Berechnung noch nirgends eine Grundlage gefunden habe, erscheint mir diese Quote – auch aus eigenen Erlebnissen – als zu hoch. Aber selbst wenn sie stimmen sollte, ist die Tatsache ziemlich beunruhigend, daß jeder millionste Blitz auf See ein Schiff oder ein Boot trifft. Schließlich kann man zugrunde legen, daß eine massive Gewitterfront in ihrem Verlauf durchaus mehrere Tausend Blitze aufweisen kann. Damit rutscht die Trefferquote bereits unter eins zu Tausend, daß es im Verlauf eines Gewitters jemanden trifft.

Was kann passieren, wenn der Blitz in ein unzureichend abgesichertes Boot einschlägt? Es ist ähnlich wie bei einem vom Blitz getroffenen Baum: Mast- oder Aufbautenteile können auseinandergerissen werden, dabei können glühende Teile umherfliegen. Der Stromschlag kann im Unterwasserschiff die Bordwand durchschlagen (z. B. vom Mastfuß aus) und damit zu erheblichen Lecks, sogar zum Untergang des Bootes führen. Feuer kann – unabhängig vom Einschlagort – im ganzen Boot ausbrechen. Der Blitzschutz an Bord ist durchaus nicht unberechtigt.

Ein großes Stahlschiff mit seinen hohen Masten ist sicher, selbst wenn es getroffen wird. Durch Massen an Metall wird der Blitz in das Wasser abgeleitet, ohne daß die Personen an Bord in Gefahr sind. Probleme kann es nur mit einer ungenügend abgesicherten Funkanlage geben, diese könnte bei einem Einschlag beschädigt werden.

Ich habe auf See häufig Blitzeinschläge auf eigenen Schiffen beobachtet, was einerseits ein faszinierendes Naturschauspiel ist, andererseits aber trotz des Wissens um die eigene Sicherheit immer noch ein beklemmendes Gefühl verursacht.

Auf kleinen Yachten ist das Risiko einer schweren Beschädigung des Bootes und des Personenschadens schon wesentlich größer. Hier muß man nach Bauart unterscheiden:

- **Stahl- oder Aluminiumyachten** haben gute Ableiteigenschaften. In der Kajüte hält man sich sicher vor Blitzschlägen auf, an Deck sollte man während des Gewitters nach Möglichkeit mindestens einen Meter Abstand zu Masten, Antennen, Drahtverstrebungen und Reling halten.
- **Holz- oder Kunststoffboote,** die sowohl einen Metallkiel als auch einen Mast aus Metall (meist Aluminium) haben, benötigen zum Ableiten der elektrischen Energie eine metallische Verbindung zwischen Mastfuß und dem Kiel. Diese Leitung muß wegen der möglichen hohen Ströme ausreichend dimensioniert sein, das Kabel sollte schon einen Mindestdurchmesser von zwölf Millimetern aufweisen, geeignet sind auch LKW-Batterieverbinder, die im Fachhandel erhältlich sind. Der Aufenthalt der Personen an Bord ist genauso sicher wie auf den Metallbooten.
- **Holz- oder Kunststoffboote,** die weder über Metallmasten noch einen Vollmetallkiel verfügen, sollten mit professionellen Blitzschutzanlagen versehen werden, die es im Yachtzubehörhandel zu kaufen gibt. Diese Anlagen sind auch mobil erhältlich, das heißt, sie brauchen erst bei Bedarf, bei einem anziehenden Gewitter, montiert werden. Der Nachteil: Liegt das Boot unbeaufsichtigt im Hafen, kann auch kein Schutz aufgebaut werden.

- Auf Booten, ganz gleich aus welchem Material, sind die **elektronischen Geräte an Bord** durch Überspannungsschutzschalter gegen Spannungsspitzen abzusichern, als Potentialausgleich sollten alle Metallgehäuse, Metalltanks, Motorgehäuse und Wasserleitungen durch Ausgleichsleitungen (Durchmesser mindestens sechs Millimeter) miteinander verbunden werden. Das sind praktisch die gleichen Maßnahmen, die auch im Rahmen des Gebäudeblitzschutzes vorgenommen werden.

Feuer im Schiff

Das Schlimmste, was auf See geschehen kann, ist ein außer Kontrolle geratenes Feuer, so paradox diese Behauptung auch klingen mag.

Auf einem Sportboot schafft man es erfahrungsgemäß, entweder das Feuer rechtzeitig, das heißt unmittelbar nach Ausbruch, zu löschen, oder man muß das Boot verlassen.

Am wichtigsten ist eine schnelle und erfolgreiche Erstbekämpfung des Feuers. Der Brandherd ist genau zu lokalisieren, die Ursache ist abzustellen (Kurzschluß, Kraftstoffleckage, überhitzte Heizung usw.), der Entstehungsbrand wird entschlossen mit Feuerlöschern oder Wassereimern bekämpft. Zur Bedienung der Feuerlöscher siehe im Kapitel „Rettungsmittel an Bord". Wer zum Feuerlöschen ins Innere des Bootes vordringen muß, sollte unbedingt mit einer Leine gesichert werden.

Hilfe anfordern

Es ist ratsam, frühzeitig Hilfe anzufordern oder Notsignale einzusetzen. Hat sich der Brand erst einmal ausgebreitet, so besteht dazu meist keine Möglichkeit mehr, da das Funkgerät nicht mehr erreichbar oder bereits ausgefallen ist. Alarmierte Marineschiffe und Behördenfahrzeuge verfügen über gut ausgebildetes Personal und eine professionelle Ausrüstung zur Brandbekämpfung.

Das Desaster der Pallas

Im Oktober 1998 bricht ein Brand auf dem Holzfrachter „Pallas" vor der dänischen Nordseeküste aus. Die fünf Mann starke Besatzung versucht zuerst, das Feuer in der Ladung mit Bordmitteln in den Griff zu bekommen. Als der Kapitän erkennt, daß nur das Eingreifen von professionellen Brandbekämpfern das Schiff retten kann, versucht er, die dänische Hafenstadt Esbjerg anzulaufen. Doch Dänemark verwehrt das Einlaufen, eine Hilfeleistung in See findet auch nicht statt, obwohl gut ausgerüstete Bohrinselversorger vor dem Hafen bereit liegen. Ebenso wird die deutsche Seenotzentrale in Bremen nicht informiert. Erst ein Seenotrettungsboot der Gesellschaft zur Rettung Schiffbrüchiger (DGzRS) fängt in der Deutschen Bucht zufällig den Funkverkehr der dänischen Küstenfunkstelle Lyngby Radio auf und meldet den Fall an die zuständigen deutschen Stellen weiter.
Das Wetter verschlechtert sich zunehmend, das brennende Schiff treibt langsam in die deutschen Gewässer. Nachdem das Feuer fast die gesamte Ladung erfaßt hat und die Aufbauten bedroht sind, entschließt sich die Besatzung, das Schiff zu verlassen. Deutsche und dänische Marinehubschrauber retten in einer dramatischen Aktion vier Seeleute aus der orkangepeitschten Nordsee, ein Besatzungsmitglied der Pallas kommt tragisch in den Fluten ums Leben.
Am 26. Oktober versuchen deutsche und englische Spezialschiffe, die Pallas abzuschleppen, jedoch vergeblich – die Schlepptrossen brechen immer wieder. Hoher Seegang und Sturm erschweren die Bergungs- und Löschversuche erheblich. Schließlich strandet die Pallas am 29. Oktober vor der Küste der Insel Amrum.
16.000 Seevögel verenden an den Folgen der 50 Tonnen ausgelaufenen Schweröls, der Steuerzahler muß für Kosten in Höhe eines zweistelligen Millionenbetrages aufkommen.

Sturm kommt auf

Sie schippern gemütlich mit einem gecharterten Boot durch die blaue See, da empfangen Sie im Radio eine Sturmwarnung, ausgerechnet für das Seegebiet, in dem Sie sich gerade befinden. Die Wetteranzeichen, die Sie aus diesem Buch gelernt haben, lassen keinen Zweifel aufkommen: In einigen Stunden geht es los mit dem Unwetter

Die verbleibende Zeit ist gut zu nutzen. Zuerst muß die Entscheidung getroffen werden, **ob man in See bleibt** oder ob ein schützender Hafen oder eine sichere Ankerbucht in erreichbarer Nähe angesteuert werden. Ist letzteres nicht der Fall, so müssen Sie die Besatzung und Ihr Boot auf Wind und Wellen gut vorbereiten.

Halten Sie das Boot weg von der Küste. In Küstennähe drohen Untiefen, Brecher und Grundseen. Unterschätzen Sie nicht die Gefahr, bei drehenden Winden auf ↗Legerwall zu geraten, d.h. von Wind und Strömung auf den Strand getrieben zu werden.

Legerwall: *Die Küste, auf die der Wind zuweht*

Wenn Sie mit einem Segelboot unterwegs sind, dann **verfallen Sie nicht der Versuchung, solange wie möglich mit großer Besegelung zu fahren.** Die ersten starken Böen könne ohne weitere Vorwarnung zuschlagen, dann wird das Reffen oder Segelwechseln zur harten riskanten Arbeit.

Unter Deck ist alles seegangssicher fest zu verstauen, offenes Feuer ist zu löschen (Kocher, Heizungen und Lampen). Batterien für das Bordnetz und zum Starten des Motors sind noch einmal aufzuladen. Für den Fall, daß der Sturm länger andauern wird, ist es sinnvoll, einige Mahlzeiten auf Vorrat vorzubereiten und Thermoskannen mit heißen Getränken zu füllen. Wer wachfrei ist, sollte die Gelegenheit nutzen und sich ein Schläfchen gönnen.

An Oberdeck ist **alles fest zu verzurren,** was lose ist, später werden überkommende Wellen jede Schwachstelle aufzeigen und alles mit sich reißen, was nicht wirklich gut befestigt wurde.

Fenster und Bullaugen lassen sich auf manchen Booten mit Schutzblenden versehen.

Die Fahrwache rüstet sich rechtzeitig mit **Wetterschutzbekleidung, Weste und Gurt** aus, für die übrige Besatzung liegt diese Ausstattung griffbereit. Rettungs- und Signalmittel liegen für alle Fälle parat.

Auf Motorbooten sind möglicherweise die **Ballasttanks zu füllen,** um das Boot in eine stabilere Lage zu bringen.

Derart gut vorbereitet, können Sie vielleicht sogar die Sturmfahrt als Erlebnis genießen.

Wassereinbruch

Das Boot ist auf einen Felsen gelaufen oder hat einen massiven treibenden Gegenstand getroffen. Vielleicht wurde es auch von einem Wal angegriffen, wie die ↗Familie Robertson, deren 13 Meter langer Segelschoner im Jahr 1972 von einer Gruppe Schwertwale versenkt wurde.

Über die Odyssee der Familie Robertson gibt es einen lesenswerten Erlebnisbericht. Siehe Literaturempfehlung im Anhang.

Auch Materialermüdung des Rumpfes bei langem, heftigem Seegang ist möglich. Das Ergebnis ist das gleiche: Ein Leck! Wasser dringt in das Boot.

Nun geht es ums Ganze: Zwei Handlungen müssen jetzt ablaufen. **Zuerst muß die Ursache des Wassereinbruchs gefunden werden.** Wo ist das Leck, läßt es sich genau lokalisieren, wie groß ist es? Vielleicht hat auch nur irgend jemand an Bord vergessen, ein Außenbordventil in der Toilette oder am Kühlwassereintritt des Motors wieder zu schließen.

Die Leckagen sind, so gut es geht, zu verschließen. Kleinere Löcher im Rumpf können durch das Einschlagen von vorgefertigten Weichholzpfropfen verschlossen werden, auf Holzbooten läßt sich vielleicht ein Brett aufnageln oder durch Stützbalken verkeilen. Es ist dabei sehr schwierig, gegen den Wasserdruck anzuarbeiten. Hilfreich ist es, die Schadensstelle durch ↗Krängen des Bootes möglichst weit aus dem Wasser zu bringen.

Krängen: *Das sich „Auf-die-Seite-Legen" eines Bootes*

Wenn die Gelegenheit besteht, ist das **Leck von außen abzudichten,** der Wasserdruck „saugt" das Dichtungsmaterial regelrecht in die Öffnung hinein. Mit dem Reparaturmaterial muß man dabei, abhängig von Lage und Größe des Leckes, improvisieren. Segel sind häufig sehr gut geeignet.

Gut abwägen

Es hat sich gezeigt, daß zahlreiche Sport- und Urlaubsseefahrer ihre Boote aufgegeben haben, obwohl eigentlich noch keine Notwendigkeit dazu bestanden hatte. In vielen dieser Fälle wurden die Yachten nach Wochen zwar schwer beschädigt, aber doch schwimmend aufgefunden, während die Besatzungen eine leidvolle Zeit in den Rettungsinseln verbrachten, teils dabei sogar ums Leben kamen.

Als nächstes ist das eingedrungene **Wasser wieder hinauszupumpen.** Jetzt zeigt es sich, ob die Lenzpumpen immer gut gewartet wurden.

Bei größeren Wassereinbrüchen sollte **vorsorglich ein Notruf** gesendet werden, selbst wenn es so aussieht, als könne das Leck abgedichtet werden. Wer an Bord während der Abdichtung und des Pumpens nichts zu tun hat, bereitet sich vorsorglich auf ein Verlassen des Bootes vor.

Das Beurteilen der Lage, ob das Boot noch stabil zu halten ist und **wann der Zeitpunkt erreicht ist, aufzugeben** und sich auf ein geordnetes Von-Bord-Gehen zu konzentrieren, ist sehr schwierig. Einerseits klammern sich viele an ihr Boot, wollen die Realität absolut nicht wahrhaben und reagieren erst, wenn das Boot unter ihren Füßen wegsinkt. Andererseits geraten viele Besatzungen in Panik, werden kopflos und gehen in die Rettungsinsel, obwohl ihr Boot noch durchaus schwimmfähig und mit wenigen Handgriffen zu reparieren ist.

Man gibt also sein Boot nur auf, wenn es sich wirklich nicht mehr am Schwimmen halten läßt, wenn es tatsächlich sinkt. Das gleiche gilt natürlich, wenn das Boot vollkommen in Flammen steht.

020me Abb.: mf

◀ *Die Evakuierung wird geübt*

Evakuierung des Schiffes

Vorbereitungen

Wenn zur Evakuierung des Bootes eine Viertelstunde verbleibt, so ist das bereits eine lange Zeitspanne. Manchmal sind es nur wenige Minuten. In dieser Zeit ist viel zu tun:

- **Notrufe** werden gesendet.
- Das **EPIRB** wird aktiviert.
- **Seenotsignale** werden gegeben.
- Die Besatzung legt **Schutzbekleidung** und Rettungswesten an.
- Beiboote und Rettungsinseln werden zu Wasser gelassen, die **Rettungsinsel** wird aktiviert. Dabei ist darauf zu achten, daß sie sich nicht bei starkem Wind selbständig machen kann. Leere Rettungsinseln vertreiben sehr leicht, können durch Sturm sogar wie ein Luftballon über die Wellen geblasen werden. Schlauchboote und Rettungsinseln müssen vor Feuer und Hitzestrahlung geschützt werden.

Wenn mehrere Boote und Rettungsinseln ausgesetzt werden, sollte man sie durch lange Leinen verbinden. Das erleichtert den Helfern das Auffinden erheblich.

- Die Rettungsinsel wird mit Trinkwasser, tragbarem EPIRB, Seenotsignalen, Proviant, Seewasseraufbereiter, Taschenlampe, Dokumenten und persönlichen Papieren beladen.

Vor dem Sinken des Bootes muß die Verbindung zur Rettungsinsel gelöst werden.

Diese Notmaßnahmen müssen ebenfalls vorbereitet und eingeübt sein, jeder Mitreisende muß genau wissen, was zu tun ist, muß seine fest zugeteilte Rolle haben, um die Zeit optimal auszunutzen.

In der Rettungsinsel

Schließlich wird die **Rettungsinsel bestiegen,** nach Möglichkeit ist die Badeleiter zu nutzen. Wer bereits in der Insel sitzt, macht schnell den Platz am Einstieg für die Nachfolgenden frei und gibt ihnen Hilfestellung beim Hineinklettern.

Der Hektik beim Verlassen des Bootes folgt der **Schock über das Unfaßbare** der Situation. Eben noch zusammen mit netten Menschen im Urlaub, die Natur genießend – auf einmal schiffbrüchig, eng zusammengepfercht in einer kleinen Rettungsinsel aus Gummi, nur das Nötigste dabei. Unsicherheit, Angst, vielleicht sogar Panik kommen auf.

Unsicherheit und Angst sind eine normale Folge der Situation, in der Sie sich jetzt befinden. Panik jedoch muß vermieden und bekämpft werden, sie kann für Sie und alle anderen in der Insel lebensgefährlich werden. Unter Panikeinfluß läßt sich nicht mehr vernünftig und logisch durchdacht handeln.

! **Wirken Sie deshalb einer aufkommenden Panik entgegen.** Halten Sie sich und den anderen das Positive vor Augen: Sie leben, Sie sind in der Rettungsinsel gut aufgehoben, man wird Sie suchen und auch finden, auch wenn es einige Tage dauern kann.

Die **feste Einteilung von Tagesrhythmus und Aufgaben,** das Beschäftigen mit einer mehr oder weniger sinnvollen Tätigkeit sind gute Mittel gegen Panik oder Depression. Jeder in der Insel muß das Gefühl haben, aktiv am eigenen Schicksal beteiligt zu sein.

Gleich nachdem die Rettungsinsel besetzt wird, sind die **notwendigsten Handgriffe zu erledigen.** Später kann Erschöpfung, hervorgerufen durch Übermüdung, Auskühlung oder Seekrankheit dazu führen, daß diese Arbeiten vernachlässigt werden:

Schiffbrüchig auf hoher See

In zahllosen Beispielen wird von Schiffbrüchigen berichtet, die mit einer Minimalausrüstung wochenlang auf See ausharren mußten und schließlich gerettet wurden. Zwischen Rettung und Untergang entschied nur die positive Einstellung, der unbedingte Wille zum Überleben. Wer sich selbst aufgab, der hatte meist auch nicht mehr lange zu leben. Die bereits erwähnte ***Familie Robertson*** *trieb mit sechs Personen in einem Schlauchboot 38 Tage im Pazifik, bis sie von einem Fischerboot aufgenommen wurde. Die Robertsons konnten nur wenig an Vorräten und Ausrüstung in das Rettungsboot schaffen, ihr Improvisieren von Hilfsmitteln, ihre Findigkeit im Sammeln von Wasser und Nahrung sind beispielhaft für konsequenten Durchhaltewillen geworden.*
In die Literatur ging die ***Seefahrt des Kapitän Blight*** *im Jahr 1789 ein. Nördlich von Tahiti meuterte die Mehrheit der Besatzung der „Bounty" gegen ihren Kapitän. Er und weitere 18 Mann, die zu ihm hielten, wurden in einem kleinen, nur sieben Meter langen Beiboot ausgesetzt. Ausgestattet mit etwas Wasser und Proviant erreichte Blight schließlich nach 41 Tagen die nördlich von Australien gelegene Insel Timor. Auf der Distanz von 5000 Kilometern unter tropischer Sonne kam nur ein Mann ums Leben.*

- **Der Treibanker ist auszubringen, so liegt die Insel stabiler im Sturm.** Zusätzlich wird ein Auffinden durch die Rettungskräfte erleichtert. Wenn die Insel nicht mit einem EPIRB ausgerüstet und die Unglücksstelle nicht bekannt ist, beginnen die Retter an der letzten gemeldeten oder gesichteten Position zu suchen. Die Suche erstreckt sich primär in Richtung des vermuteten letzten Kurses bzw. der Strömung und Abdrift.

- Die ungewohnten Bewegungen der Insel und der Gummigeruch lassen auch seefeste Naturen sehr schnell seekrank werden. Aus diesem Grund sollte man **frühzeitig Tabletten gegen Seekrankheit einnehmen.** Weiteres siehe Kapitel „Seekrankheit".
- **Um das Auskühlen zu verhindern, muß nasse Bekleidung ausgezogen und gewechselt werden.** Meist ist es aber nur möglich, sie auszuwringen und wieder anzuziehen. Gegen den Wärmeverlust schützt man sich mit Planen, Jacken und ähnlichem, darunter rückt man eng zusammen und wärmt sich gegenseitig.

Provisorischer Treibanker

Sollte kein Treibanker dabei sein, kann man auch lange Seile im Wasser ausbringen, sie haben ebenfalls einen bremsenden und stabilisierenden Effekt in der See.

- **Der Bestand an Proviant und Trinkwasser muß erfaßt und gleich rationiert werden.** Einer trägt die Verantwortung für die gerechte Verteilung. Zur Trinkwasserproblematik siehe unter dem Stichwort „Trinkwasser".
- **Ausguck ist kontinuierlich zu halten.** Dabei ist aufzupassen, daß man nicht bei Seegang und Übermüdung aus der Insel herausfällt. Zum Schutz leint man sich vorsorglich an.
- **Der Ausguck ist auch dafür zuständig, daß regelmäßig Frischluft in die Rettungsinsel kommt.** Messungen haben ergeben, daß bei vielen vollbesetzten Rettungsinseln, die zum Schutz gegen eindringendes Wasser und Kälte gut abgedichtet wurden, nach einiger Zeit eine gefährliche Konzentration von Kohlendioxid, verbunden mit Sauerstoffmangel, auftritt. So droht in überfüllten Inseln Erstikkungsgefahr ohne ausreichende Belüftung.
- **Die Rettungsinsel ist regelmäßig auf Löcher oder andere Undichtigkeiten zu untersuchen.** Flickzeug und Luftpumpe gehören zur Standardausrüstung der Insel. Vorsicht beim Umgang mit spitzen Gegenständen wie Messer in der Insel.

Trinkwasser auf See

Auf See ist man zwar von **Wasser** umgeben, aber trotzdem kann man leicht verdursten. Deshalb ist es bei einem Schiffbruch extrem wichtig, Wasser auf die Rettungsboote und -inseln mitzunehmen. Der übrige Proviant ist zweitrangig.

Wird das Wasser knapp, so ist jede Gelegenheit zu nutzen, **Regenwasser aufzufangen** und Tau oder Nebel, der sich niederschlägt, zu sammeln. Es müssen vorher aber vorhandene Salzkrusten weggewischt oder abgespült werden.

Zur Standardausrüstung eines Rettungsbootes sollten chemische Präparate zum Ausfällen des Salzes und Geräte zum **Destillieren von Wasser** gehören (im Fachhandel erhältlich).

! **Niemals salzhaltiges Wasser (Seewasser, Urin usw.) trinken.** Auch nicht in kleinen Mengen oder verdünnt. Die Nieren stellen ihren Betrieb fast schneller ein, als man das Salzwasser heruntergeschluckt hat. Ein qualvoller Tod ist die Folge.

Wer Techniken der Wassergewinnung und weitere Überlebenstricks auf professionelle Art erlernen möchte, wende sich an die „Harzer Survivalschule" (s. Adressenteil)

Bestehen keine anderen Möglichkeiten, lassen sich notfalls auf einem Wrack **Destillieranlagen mit einfachen Methoden** improvisieren. Das physikalische Prinzip basiert darauf, daß Salzwasser in relativer Wärme (z. B. bei Sonneneinstrahlung) verdunstet. Diesen unsichtbaren Wasserdampf läßt man an aufgespannten Plastikfolien oder anderen Materialien kondensieren, man erhält so fast reines Wasser.

Der Phantasie sind bei der Konstruktion dieser Apparate keine Grenzen gesetzt, beispielsweise kann man Feuer unter einem Behälter als Wärmequelle benutzen und Bleche, die mit Meerwasser oder vom Wind gekühlt werden, als Kondensator einsetzen.

Wasser – das lebenswichtige Naß

Trinken ist überlebenswichtig. Als Faustregel gilt: Ein durchschnittlich gebauter Mensch kann ohne Wasser auskommen:

bei 10 °C - 10 Tage,
bei 30 °C - 7 Tage,
bei 50 °C - 2 Tage.

Wenn diese Werte erreicht sind, stellen sich ernsthafte körperliche Schäden ein. Der Körper trocknet regelrecht aus, die Nieren versagen, der Kreislauf bricht zusammen. Der Tod ist unvermeidbar, wenn nicht in kürzester Zeit Flüssigkeit zugeführt wird.
Man benötigt pro Tag zwischen zwei Litern (bei niedrigen Temperaturen und wenig Bewegung) und zwölf Litern (in heißen Regionen), am besten geeignet ist reines Wasser oder Tee. Zuckerhaltige Limonaden, Kaffee oder gar Alkoholika vergrößern den Flüssigkeitsbedarf noch.

Rettung

Wenn es endlich soweit ist und der Ausguck ein näherkommendes Schiff erkannt hat, muß man auf sich und die Insel aufmerksam machen. Bei Tage ist ein Signalspiegel nützlich, bei Nacht sind lichtstarke Taschenlampen oder Blitzlampen, die als Zubehör für Rettungsinseln erhältlich sind, zu verwenden. Die beste Wirkung haben die Seenotsignale – siehe Kapitel „Seenotsignalmittel". Ich weise aber noch einmal auf die Gefährdung der Rettungsinsel durch die mit hoher Temperatur abbrennenden Hand-Signalfackeln hin.

Bergung durch Hubschrauber

Der Hubschrauber ist zu einem der wichtigsten Rettungsmittel geworden. Ob Schiffbrüchige aus den aufgewühlten Wellen geborgen, ob in den Bergen Verunglückte gesucht, ob Menschen vom Dach eines brennenden Hochhauses evakuiert werden oder ob nach einem Autounfall ein Schwerverletzter in die Klinik transportiert werden muß, der Hubschrauber ist schnell, sicher und kann auch in unwegsamem Gelände eingesetzt werden.

SAR: *Search and Rescue, deutsch: Suche und Rettung*

Deutschland verfügt über ein dichtes Netz von Rettungshubschraubern, die hauptsächlich von der Bundeswehr betrieben werden. Neben zivilen Seenotrettungsbooten auf See und speziellen Flugzeugen zählen sie zu den ↗SAR-Einheiten

Weitere Rettungshubschrauber werden durch Katastrophenschutzdienste und private Träger, wie ADAC und Deutsche Rettungsflugwacht, unterhalten. Land und angrenzende Seegebiete sind fast vollständig in kurzer Zeit durch Hubschrauber erreichbar. In vielen anderen Ländern sind vergleichbare Rettungsnetze aufgebaut, in weniger entwickelten, schwach besiedelten Landstrichen ist die flächendeckende Versorgung natürlich nicht gewährleistet: Hier kann es unter Umständen lange dauern, bis Hilfe aus der Luft eintrifft.

Versicherungen

Bei einem geplanten Aufenthalt außerhalb der Gewässer von EU-Ländern empfiehlt es sich grundsätzlich, zuvor eine Auslandsreisekrankenversicherung und eine Unfallversicherung abzuschließen.

Vor einer eventuellen Rechnung für den Hubschraubereinsatz braucht man sich bei Unfällen nicht zu fürchten; in Deutschland und vielen anderen Ländern werden die Kosten durch die Krankenversicherungen übernommen.

Hubschraubereinsätze über Land können von einer halben Stunde vor Sonnenaufgang bis eine halbe Stunde nach Sonnenuntergang geflogen werden. Nachttiefflugtaugliche Rettungshubschrauber sind noch die Ausnahme. Auf See können die Hubschrauber zu allen Tages- und Nachtzeiten eingesetzt werden.

Falls die Unfallstelle oder der Schiffbrüchige schwer zu erkennen ist, sollten **dem Piloten deutliche Zeichen gegeben** werden. Winken mit auffälligen Tüchern, Blinken mit hellen Lampen oder Rauchsignale bieten sich dafür an. Der Pilot sucht sich nun selbst den für ihn geeigneten Landeplatz.

! **Niemals versuchen, eine durch ausgelegte Tücher oder ähnliches markierte Stelle als Landeplatz vorzuschlagen.** Die Eignung des Platzes können nur Profis beurteilen, außerdem sind diese Markierungen für den landenden Hubschrauber äußerst gefährlich, sie könnten durch die Rotoren aufgewirbelt und angesogen werden und damit sogar zum Absturz der Maschine führen.

! Wenn der Hubschrauber zur Landung ansetzt, halte man sich in sicherem Abstand zum Landeplatz auf. **Das Annähern an den Hubschrauber darf nur von vorne, mit Blickkontakt zum Piloten, erfolgen.** Drehende Rotoren sind lebensgefährlich, man achte besonders auf den Heckrotor! Der Pilot hat ihn nicht im Blick und damit auch nicht unter Kontrolle.

Der Lärm des Antriebs macht Unterhaltungen im Nahbereich des Hubschraubers nahezu unmöglich, bei Bedarf sind eindeutige Handzeichen zu geben. Der Winddruck bei laufenden Rotoren hat stärkere Wirkungen als ein Sturm, besondere Gefahr besteht bei Start und Landung. Falls der Hubschrauber nicht landen kann, gibt es mehrere Möglichkeiten,

Das korrekte Anlegen der Bergeschlinge

Personen **mit Hilfe einer Winde in den Hubschrauber** heraufzuziehen, aufzuwinschen. Das ist der Fall, wenn es sich um Rettungen aus dem Wasser oder im Gebirge handelt oder wenn die Bodenbeschaffenheit eine sichere Landung nicht zuläßt.

An dem Seil, daß der Hubschrauber hinabläßt, können unterschiedliche Geräte befestigt sein. So gibt es Körbe, in die man hineinklettert, Sitze, auf die man sich setzt und Liegen für Verletzte. Am gebräuchlichsten ist die Bergungsschlinge.

Wenn ein Korb oder eine Schlinge heruntergelassen wird, so darf das Seil unter keinen Umständen am Boden oder an dem Boot befestigt werden. Aus Sicherheitsgründen wird im Hubschrauber dann sofort das Seil gekappt, eine Bergung ist nicht mehr möglich. Deshalb müssen auf einem Schiff die abzubergenden Personen bereits an Deck bereit stehen. Das Seil kann nicht mit in die Kajüte genommen werden, um sich in Ruhe dort anzuseilen.

021me Abb.: mf

Ein SAR-Hubschrauber der Marine birgt eine Person aus der winterlichen Ostsee.

Vor dem eigentlichen Anflug auf die Unfallstelle wird das Seil vom Piloten einmal kurz in das Wasser getaucht oder über den Boden gestreift, um eventuell vorhandene statische Elektrizität abzuleiten. So wird verhindert, daß der Verunglückte einen Stromschlag erhält.

Wie ist die Schlinge anzulegen? Man schlüpft derart hinein, daß die Schlinge sich vor dem Bauch befindet, der Gurt unter den Achseln durchläuft. Die Arme sollen beim Aufwinschen nach unten hängen, auf keinen Fall darf nach oben an das Seil gegriffen werden – denn dann besteht die Gefahr, aus der Schlinge zu rutschen.

Wenn vom Hubschrauber aus festgestellt wird, daß der zu Rettende mit der Schlinge nicht klar kommt oder vielleicht bereits zu erschöpft ist, um noch zu reagieren, wird meist ein Besatzungsmitglied abgeseilt, das Hilfestellung gibt. Entweder wird der Betroffene mit in die Schlinge genommen und mit dem Helfer gemeinsam hinaufgezogen, oder der Gurt wird ihm fachgerecht umgelegt und der Helfer läßt sich in einem zweiten Winschgang wieder aufnehmen.

Piraterie

Gefährdungspotential

Der „Pirat" scheint ein Begriff aus der Traumwelt Hollywoods zu sein. Man denkt unwillkürlich an Segelschiffe, harte Männer mit Augenklappen und schöne Frauen. Die Realität sieht etwas anders aus. Die Piraterie ist ein Phänomen, das es seit dem Altertum gibt und das in den vergangenen Jahren sogar wieder zunehmend zum Problem für alle wird, die die Meere befahren, sei es mit großen, schnellen Containerschiffen oder kleinen Yachten.

Piraterie entsteht vorrangig in Gewässern armer Länder, in denen die Polizei schlecht organisiert oder korrupt ist. Wenn dann noch hochwertige Schiffsladungen nahe der Küste vorbeischwimmen oder in Häfen umgeschlagen werden, gibt es auch zwei Typen von Piraten: Die einen, die in den Häfen nachts die vor Anker oder an den Piers liegenden Schiffe überfallen und plündern, und die anderen, die mit kleinen, schnellen Booten – überwiegend im Schutze der Dunkelheit – von einsamen Küsten aus operieren und die Schiffe auf den Handelsrouten abfangen und berauben. In beiden Fällen spielen Menschenleben überhaupt keine Rolle. Es kommt immer wieder vor, daß ein Schiff mit seiner Besatzung spurlos verschwindet und unter anderem Namen, ohne seine ursprüngliche Mannschaft, in einem fernen Hafen wieder auftaucht.

Das Internationale Seeschiffahrtsbüro (IMB) unterhält ein „Zentrum für Piraterie", das die gemeldeten **Fälle statistisch** erfaßt und auswertet. Es berichtet, daß die Zahl der Überfälle in den vergangenen Jahrzehnten kontinuierlich zugenommen hat. Zur Zeit sind es im Durchschnitt ungefähr 200 Vorfälle pro Jahr, dabei bildete das Jahr 1997 einen traurigen Höhepunkt mit 252 gemeldeten Piraterieakten, bei denen 51 Seeleute ums Leben kamen und 412 Besatzungsmitglieder als Geiseln genommen wurden.

Fachleute der Marine schätzen sogar, daß die **Dunkelziffer** der nicht gemeldeten Vorfälle selbst bei vorsichtiger Annahme 50mal soviel beträgt, was bedeutet, daß es im Jahr zu mindestens 10.000 Übergriffen durch Piraten kommt, vom einfachen – aber von der Schadenshöhe bedeutenderen – Ladungsdiebstahl bis hin zum Raub ganzer Schiffsladungen, verbunden mit dem Mord an der Besatzung. Diese hohe Dunkelziffer hat viele Ursachen: Zahlreiche Staaten wollen nicht an Image verlieren, in einigen Ländern stecken die Piraten mit den örtlichen Behörden unter einer Decke. Hinzu kommt, daß die Reedereien nur bei extrem hohen Schadenssummen ein Interesse daran haben, daß der Fall bei den Behörden gemeldet und untersucht wird. Die Kosten, die ein dadurch verzögert auslaufendes Schiff verursacht, stehen in keinem Verhältnis zum Nutzen einer Anzeige.

Daß die Piraten nicht nur an hochwertigen Handelsschiffen interessiert sind, zeigt ein Vorfall, der im Sommer 1999 die Presse bewegte: Die deutsche Segelyacht „Nono" wurde am 19. Juni 1999 von einer Gruppe Piraten vor der Küste Somalias aufgebracht. Fünf Segler wurden entführt und eine Woche lang festgehalten. Die Geiselnahme ging glimpflich aus, die Segler konnten – an Eigentum ärmer, aber an Erfahrungen reicher – wohlbehalten nach Deutschland zurückkehren.

Das letztgenannte Beispiel steht nicht alleine, fast alle, die sich länger mit ihren Booten auf den Ozeanen bewegt haben, können von Begegnungen mit Piraten berichten. Wer also die heimatlichen Gewässer von Ost- und Nordsee verlassen will, tut gut daran, sich eingehend über die Seegebiete zu informieren, die er bereisen möchte.

Besondere Schwerpunkte der Piraterie bilden:

- die Seegebiete Indonesiens und der Philippinen,
- die Küstenregionen Thailands,
- die Gewässer im Bereich Indien, Sri Lanka und Bangladesch,
- die brasilianische Küste und
- die Küstenregionen Zentralafrikas.

In fast allen Gewässern der Welt muß mit Piraterieaktivitäten gerechnet werden.

Neben diesen Brennpunkten der Pirateriestatistik sind – vom Norden abgesehen – so gut wie keine Küstenstriche vollkommen frei von Aktivitäten der Piraten. Selbst aus den Gewässern um Frankreich, den Kanarischen Inseln und den USA werden immer wieder vereinzelte Übergriffe gemeldet. Schon vor der Fahrt sollte man seine Informationsquellen (z. B. Handbücher, Reiseberichte, Fachzeitschriften, Statistiken der Versicherer) durchsehen.

▼ Besondere Schwerpunkte der Piraterie

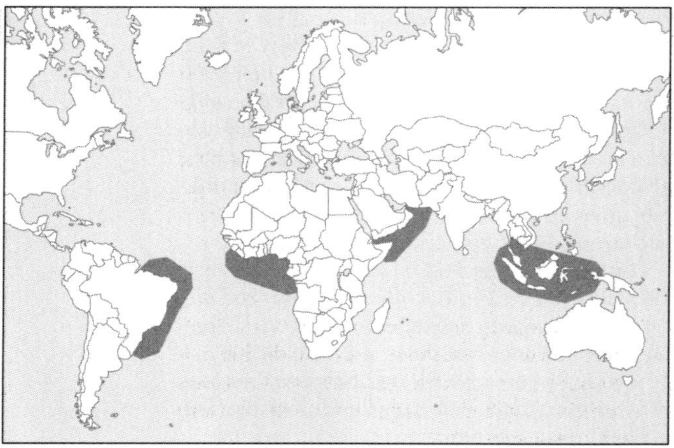

Vorbeugendes Verhalten an Bord

Lassen sich kritische Seegebiete nicht umfahren, so sollten sie nur tagsüber passiert werden, da die Piraten vorzugsweise bei Nacht angreifen.

Nach Möglichkeit ist es zu vermeiden, einzeln zu fahren. Je mehr Boote sich zu einem „Konvoi" zusammenschließen, desto sicherer wird die Fahrt.

Die Transitgeschwindigkeit soll so groß wie möglich sein, um zum einen langsameren Piratenbooten das Heranmanövrieren zu erschweren und zum anderen die Aufenthaltsdauer im risikobehafteten Seegebiet auf die kürzestmögliche Zeit zu beschränken.

Segler sollten bei wenig Wind ihren Motor benutzen, spätestens bei Annäherung eines unbekannten Fahrzeugs ist er zu starten, um die Manövrierfähigkeit zu erhöhen.

Ist man bei Dunkelheit unterwegs, kann man in Erwägung ziehen, **gegebenenfalls ohne Beleuchtung zu fahren,** um nicht Piraten auf sich aufmerksam zu machen. Dabei besteht aber auch die Gefahr, daß patrouillierende Regierungsfahrzeuge mißtrauisch werden können, die dann auf unbeleuchtete Piratenboote schließen.

Am Seefunkgerät sind Anruf- und Notfrequenzen zu schalten und abzuhören.
In besonders „piratenverseuchten" Gebieten werden regelmäßig Lageberichte der Küstenwache ausgestrahlt.

Piraten wenden außerhalb von Hafenanlagen generell drei unterschiedliche **Taktiken** an, um an ihr Ziel zu kommen:

- Annähern mit kleinen, sehr schnellen Booten,
- Getarnt als z. B. Fischerboot oder Behördenfahrzeug auf der Lauer liegend oder langsam die Verkehrsströme mitlaufend,
- Simulieren eines Notfalls und Heranlocken von hilfsbereiten Fahrzeugen.

Um gerade bei Nacht die Situation im Auge zu behalten, ist es ratsam, auch bei guten Sichtbedingungen das Radarbild mit zu verfolgen. So lassen sich vielleicht verdächtige Boote rechtzeitig weit umfahren, oder es besteht noch die Zeit, Hilfe herbeirufen.

Gibt ein anderes Fahrzeug Notsignale, macht dabei aber noch einen schwimmfähigen Eindruck, ist äußerste Vorsicht geboten. Vor einem Heranschließen sind unbedingt die Behörden (Küstenwache, Polizei, Marine usw.) über Funk zu informieren und weitere Instruktionen einzuholen.

Wenn es sich bei den Piraten um eine kleine, schwach bewaffnete Gruppe handelt, werden sie erst einmal vorsichtig näherkommen, um ihre „Beute" abschätzen zu können. Yachten mit kleiner Besatzung oder Einhandsegler müssen nun versuchen, durch simulierte Unterhaltungen oder Aktionen an Bord eine **größere Mannschaft vorzutäuschen.**

Erkennt man die Absicht eines anderen Bootes, den Weg abzuschneiden, kann man **durch rechtzeitiges geschicktes Manövrieren ein Längsseitsgehen verhindern.** Gleichzeitig versucht man, durch Notrufe über Funk Hilfe herbeizuholen und andere Fahrzeuge auf sich aufmerksam zu machen.

Die eigene Bewaffnung ist ein zweischneidiges Schwert: Ohne Waffen wird man ausgeraubt, bleibt mit Glück aber am Leben. Verfügt man selbst über eine Bewaffnung, droht damit oder wendet sie sogar an, kann man vielleicht den Überfall abwehren – wenn es nicht gelingt, dann geht es an den eigenen Kragen.

Entscheidet man sich für eine Bewaffnung, so sind automatische, mindestens aber halbautomatische Waffen mit größeren Kalibern angebracht, um die Piraten auf Distanz zu halten. Zur direkten Abwehr einer Enterung empfehlen sich kurzläufige, großkalibrige Schrotgewehre, sogenannte Pump-Guns, cal. 12.

> ***Bordmittel zur Abwehr eines Entermanövers:***
> *Leere Glasflaschen können mit Benzin gefüllt und auf das Piratenboot geworfen werden. Ein Schuß mit einer Seenotrakete in das Benzin wird das Boot explosionsartig in Flammen setzen. Ohnehin haben Seenotsignale – aus kurzer Distanz abgefeuert – eine mörderische Wirkung.*

Der alte Trick, zur Piratenabwehr auf dem Deck Heftzwecken und Glasscherben auszubringen, war auch früher nicht sehr realistisch, heutzutage tragen Piraten zudem meistens Kampfstiefel.

Ausführliche Hinweise zum Thema Gewalttäter enthält der Praxis-Band „Schutz vor Gewalt und Kriminalität unterwegs" vom selben Autor.

Verhalten in Häfen

In Häfen steuere man belebte, gut ausgeleuchtete Gegenden an oder wähle bewachte Yachthäfen aus – auch wenn es mehr kostet.

Große Vorsicht sollte man bei der Auswahl von Mitreisenden walten lassen. In vielen Häfen dieser Welt findet man recht nette Menschen, die quasi „per Anhalter" zur See fahren. So manch ein Yachtbesitzer hat die unüberlegte Auswahl seiner Besatzung schon mit dem Leben bezahlen müssen.

Fährunglücke

Nachdem in den bisherigen Kapiteln die Gefahren während der Freizeit auf See betrachtet wurden, geht es jetzt um den Sonderfall „Das Schiff als Verkehrsmittel" – also die Fähre. In den zurückliegenden Jahren machten mehrere Unfälle und Katastrophen auf Nord- und Ostsee Schlagzeilen in der Presse, angefangen von dem Kentern des Fährschiffs „Herald of Free Enterprise" im Hafen von Zeebrügge in Belgien 1987 und dem Brand auf der „Scandinavian Star" 1990 im Skagerrak über den Untergang der „Jan Heweliusz" vor der Küste Polens 1993 bis zum tragischen Unglück der „Estonia" im Jahr 1994 – jeweils mit vielen hundert Todesopfern. Der jüngste Vorfall im Juli 1999 – der Brand auf der Fähre Kiel – Oslo, „Prinzess Ragnhild", lief aufgrund der vorbildlichen Reaktion der Besatzung glimpflich ab, es gab nur einen Todesfall und einige Leichtverletzte.

024me Abb.: pr

Auf indonesischen Fähren ist Vorsicht angebracht

Fähren können durch zwei unterschiedliche **Arten von Unglücken** betroffen werden:

- **Ein technischer Defekt** in Verbindung mit ungünstiger Witterung oder eine **Kollision** mit einem anderen Fahrzeug, einem Gegenstand (z. B. einem Eisberg) oder mit dem Meeresboden kann das Schiff jeweils zum Sinken bringen.

- **An Bord kann ein Feuer ausbrechen,** außer Kontrolle geraten und durch die Schwächung der Schiffsstruktur ebenfalls zum Untergang führen.

Vorbeugendes Verhalten

Grundsätzlich sollte man sich **vor der Buchung einer Fährreise über die Sicherheitsstandards der Schiffe informieren.** So testet z. B. der ADAC vor Beginn jeder Urlaubssaison ausgewählte Fährrouten in Hinblick auf die Sicherheit an Bord, die Testergebnisse sind bei den Geschäftsstellen des Automobilclubs erhältlich.

Kommt man an Bord, ist es hilfreich, sich einen **ersten Eindruck von den Rettungsmitteln** zu machen. Selbst als Laie erkennt man, ob Rettungsboote verrottet sind, ob Schwimmwesten vorhanden sind, ob Notausgänge zugestellt sind oder ob Feuerlöschgerät unbrauchbar ist.

Dann mache man sich mit den **Aufstellungsorten und der Funktion der Rettungsmittel** vertraut – welche Alarmsignale werden verwendet, wie sind die Fluchtwege markiert, wo ist die nächstgelegene Rettungsinsel, wie legt man eine Schwimmweste an?

Macht das ganze Schiff und die Besatzung einen suspekten Eindruck, sollte man überlegen, wo man die Nacht verbringt. Manchmal kann es auf dem Oberdeck bei Mondschein sehr romantisch sein ...

Jedoch niemals in den Autos auf dem Fahrzeugdeck übernachten! Dort ist die Gefahr am größten, daß etwas passiert – z. B. daß ein Feuer ausbricht oder daß sich schlecht gesicherte Fahrzeuge selbständig machen. Ich habe selbst gesehen, was ein bei Seegang losgerissener LKW auf einer Fähre alles angerichtet hatte, und war froh, nicht dazwischen geraten zu sein. Die Übernachtung auf dem Fahrzeugdeck birgt eine weitere Gefahr: Sollte das Schiff aus irgendwelchen Gründen sinken, hat man von dort die geringsten Chancen, in Sicherheit zu gelangen.

Wer auf Schiffen unerfahren ist, der verliert auf großen Fähren und Passagierschiffen insbesondere im Notfall schnell die Orientierung. Deswegen sind **Einweisungen in die Fluchtwege und Rettungsmittel** ernst zu nehmen. Sollten diese Einweisungen nicht erfolgen, erkundige man sich bei Beginn der Reise auf eigene Faust. Dazu gehört auch, daß man (mit seiner Familie) die Wege zum rettenden Oberdeck ausprobiert und sich einprägt.

Verhalten bei Notfällen

Da nicht in allen Seegebieten mit Alarmplänen und professionell agierenden Besatzungen zu rechnen ist, sollte man bei unklaren Situationen, vor allem beim Wahrnehmen von eigentümlichen Geräuschen, Ausfall der Maschinenanlage oder sogar beginnender Schlagseite nicht in seiner Kabine auf einen Alarm oder auf Durchsagen warten, sondern sich **vorsorglich warme Bekleidung überziehen und Rettungsmittel bereitlegen.**

Bei deutlicher Unruhe im Schiff und bei stärker werdender Schlagseite kann es angebracht sein, **höher gelegene Decks bzw. die Rettungsboot-**

stationen selbständig aufzusuchen. Auf der Estonia wurde erst Alarm gegeben, als das Schiff bereits am Sinken war – so wurden viele Passagiere im Schlaf überrascht.

! Vollkommen egal, welch ein Unglück das Schiff trifft: Man darf sich nicht in seiner Kabine verschanzen und warten, bis man von Rettungskräften in Sicherheit gebracht wird. **Deshalb darf kein Alarm ignoriert werden.** Ebenfalls darf man nicht abwarten, bis ein Besatzungsmitglied erscheint und man weitere Informationen zur Situation erhält.

! **Bei unklaren Klingel- oder Sirenensignalen im Innern des Schiffes ist vom Schlimmsten auszugehen, die Kabine ist sofort zu verlassen.** Dabei sind eventuell in der Kabine gelagerte Rettungsmittel (Rettungswesten) sowie warme Bekleidung (Pullover, Jacken usw.) mitzunehmen.

Im Gegensatz zu einem brennenden oder einstürzenden Gebäude flieht man nicht nach unten, sondern nach oben. Die Gänge sind eng, durch Seegang können heftige Bewegungen stattfinden, die Beleuchtung kann ausfallen. Ein Schiff hat in den unteren „Etagen" keine Fenster.

! **Grundsatz: Im Notfall immer den nach oben führenden Wegen folgen.**

Erreicht man auf der Flucht schließlich ein freies Deck, so folgt man dort den Anweisungen der Besatzung. Bei einem gut eingespielten und geübten Team wird eine **Evakuierung** relativ reibungslos ablaufen. Doch leider gibt es diese eingespielte Besatzung längst nicht auf allen Fährlinien. Bereits im östlichen Mittelmeer werden bei Prüfungen immer wieder Mißstände aufgedeckt, in exotischeren Ländern braucht man sich auf eine koordinierte Rettungsaktion überhaupt erst gar keine Hoffnung zu machen.

Sollte Chaos herrschen, dann muß selbständig ein Rettungsboot oder eine Rettungsinsel gesucht werden. In diese sollte aber erst eingestiegen werden, wenn das Boot ausgesetzt bzw. wenn die Rettungsinsel vollständig aufgeblasen ist. Man riskiert sonst ein Umschlagen der Boote. Bricht eine Massenpanik aus, so halte man sich möglichst abseits, um nicht mitgerissen zu werden.

Wenn keine Rettungsinsel oder Rettungsfahrzeuge in der Nähe sind, darf man nur im äußersten Notfall ins Wasser springen. Solange es möglich ist, sollte man an Bord im Trockenen bleiben. Selbst in relativ warmen Gewässern kühlt man als Schwimmer sehr schnell aus.

Die richtige Notmeldung

Ob Funkgerät, Telefon zu Hause oder am Handy – alle wissen, wie es ablaufen soll, aber wenn die Hektik, die Nervosität da ist, dann hält man sich doch nicht daran: An die richtige Notmeldung.

Wenn Rettungsdienste schnell und situationsangepaßt zu Hilfe kommen sollen, ist es wichtig, daß die Notmeldung alle wesentlichen Elemente enthält. Deshalb sollte man kurz seine Gedanken sammeln, bevor die Meldung abgegeben wird:

- **Was ist passiert?**
  Feuer, Boot gekentert, Schwimmer abgetrieben ...

- **Wo ist es passiert?**
  Ortsangabe so genau wie möglich.

- **Wie viele Personen sind verletzt?**
  Auch angeben, wenn es nicht klar feststellbar ist.

- **Welche Verletzungen sind erkannt?**

- **Ergänzende Angaben** (wenn möglich).

- Dann nennt man **seinen Namen und die Erreichbarkeit** für eventuelle Rückrufe.

- **Nicht sofort auflegen** – sondern Gelegenheit zu Rückfragen geben, im Zweifelsfall fragen, ob aufgelegt werden darf.

Ein kleiner Zettel mit den wichtigen Stichwörtern für eine Notmeldung (Was? Wo? Wie viele? Welche Art? Warten!) zu Hause am Telefon und an Bord in der Nähe des Funkgerätes kann im Notfall Leben retten. Kindern sollte bereits frühzeitig die richtige Notmeldung beigebracht werden.

029me Abb.: pr

Adressen

Ausrüstung

Reiseausrüstung und Bekleidung für alle Arten von Touren, von Winterwanderungen in Lappland bis zu Wüstendurchquerungen, sind erhältlich in:

- **Sportabteilungen großer Kaufhäuser,** in denen neben billiger, in Fernost produzierter Massenware immer häufiger auch Qualitätsartikel zu erhalten sind. Die fachliche Beratung ist aber Glückssache.
- **Fachgeschäften,** die sich auf unterschiedliche Bereiche spezialisiert haben, z. B. Rucksäcke, Bekleidung, Zelte und Campingausrüstung, Wohnmobilzubehör, Yachtausrüstung. Es gibt mittlerweile auch einige Ladenketten, die Mehrzahl sind jedoch kleinere Einzelhändler. Gerade bei kleineren Geschäften erhält man meist eine gute fachliche Beratung, man nimmt sich Zeit für die Kunden.
- **Versandhandel,** die „großen" Ausrüstungsfirmen geben sehr detaillierte Kataloge heraus, die aber die mündliche Beratung ersetzen müssen.

Versandhändler mit Ladenverkauf

Bannat Globetrotter- und Expeditionsausrüstung
Lietzenburger Str. 65
10719 Berlin
Telefon: (030) 8827242 / 8827601
Telefax: (030) 88502077
http://www.bannat.de

Därr Expeditionsservice GmbH
Theresienstr. 66
80333 München
Telefon: (089) 28659890, Versand 282032
Telefax: (089) 282525
http://www.daerr.de

Globetrotter-Ausrüstung
Bargkoppelstieg 12
22145 Hamburg
Telefon: (040) 67966179
Telefax: (040) 67966186
Filialen in 12161 Berlin und 01067 Dresden
http://www.globetrotter.de

Lauche und Maas Expeditionsausrüstung
Alte Allee 28
81245 München
Telefon: (089) 8206677 / 880705 / 8206620
Telefax: (089) 831288
Filialen in 89077 Ulm und 07749 Jena
http://www.lauche-maas.com

Pritz Globetrotter- Expeditionsausrüstung
Schmiedgasse 17
94032 Passau
Telefon: (0851) 36220, Telefax: (0851) 35914

Gebrauchte Militärausrüstung

Räer GmbH
Postfach 101045
31110 Hildesheim
Telefax: (05121) 11581
http://www.raeer.com

Camping und Wohnmobilausrüstung

Fritz Berger GmbH
Postfach 1160
92301 Neumarkt
Telefon: (01803) 330105, Telefax: (09181) 330235
http://www.fritz-berger.de

Yachtbedarf

Spezielle Ausrüstungsfirmen für den Yachtbedarf sind in allen größeren Hafenstädten zu finden. Einer der in Norddeutschland bekanntesten Bootsausrüster ist die Firma A.W. Niemeyer:

- Versand:
  A.W. Niemeyer:
  Holstenkamp 56
  22525 Hamburg
  Telefon: (040) 8996970 / (0180) 5259797
  http://www.awniemeyer.de

- Ladengeschäfte:
  A.W. Niemeyer
  Rödingsmarkt 29
  20459 Hamburg
  Telefon: (040) 3696690; Telefax: (040) 363735

  Wall 42
  24103 Kiel
  Telefon: (0431) 974140, Telefax: (0431) 9741750

Brandschutz

Informationen zu den Themen Brandschutz und Brandbekämpfung erhält man am schnellsten bei den örtlichen Feuerwehren. Viele Feuerwehren bieten Kurse an und sind bereit, Gebäude und Wohnungen auf Risiken hin zu begutachten.

Deutscher Feuerwehrverband e.V.
Koblenzer Straße 133
53177 Bonn
Telefon: (0228) 95290-0
Telefax: (0228) 95290-90

Vielseitiges Material und Informationen aus dem Umfeld der Brandbekämpfer, von Diskussionsforen über Literaturempfehlungen bis hin zu einem Feuerwehrfahrzeug-Gebrauchtmarkt, findet man im Internet unter:

http://www.feuerwehr.de

Löschgeräte und Anlagen werden von folgenden Firmen hergestellt. Sie haben in zahlreichen Städten Niederlassungen (siehe in den „Gelben Seiten" der Telefonbücher unter „Brandschutz" und „Feuerlöschanlagen und -geräte"):

GLORIA-Werke
H. Schulte-Frankenfeld GmbH & Co.
Diestedder Straße 39
59329 Wadersloh
Telefon: (02523) 77-0, Telefax: (02523) 77-120

GLORIA Feuerlöscher Hasselhoff Otto GmbH
Erkrather Str. 141a
40233 Düsseldorf
Telefon: (0211) 7335078, Telefax: (0211) 7335082
http://www.gloria.de

MINIMAX GmbH
Industriestraße 10/12
23840 Bad Oldesloe
Telefon: (04531) 803-0, Telefax: (04531) 803-248
http://www.minimax.de

TOTAL Feuerschutz GmbH Feuerwehrbedarf und Arbeitsschutz
Scheffelstr. 43
40470 Düsseldorf
Telefon: (0211) 620033
Telefax (0211) 637779

Gesundheit

Generell sind allgemeine und auch spezifische Informationen zur Gesundheitsvorsorge bei den örtlichen Gesundheitsämtern, den Krankenkassen und natürlich bei Ärzten und Apotheken erhältlich.

Bundeszentrale für
Gesundheitliche Aufklärung
Postfach
51071 Köln
Telefon: (0221) 8992-0
Telefax: (0221) 8992257
http://www.bzga.de

Auf Anfrage sind bei der BZgA Informationsmaterialien zu zahlreichen gesundheitlichen Themen erhältlich. Sehr informativ ist die Broschüre „Gesundheit – Tips für einen unbeschwerten Urlaub".

Reisemedizinische Information

Die **Fluggesellschaft LTU** bietet einen detaillierten Faxabruf von reisemedizinischen Informationen über alle Regionen der Erde an.

Telefon: 0211-9855290, nach Aufforderung 001 für das Inhaltsverzeichnis eingeben.

Das Tropeninstitut München bietet im Internet einen reisemedizinischen Informationsdienst an. Dort findet man Hinweise für mehr als 200 Reiseziele:

http://www.fit-for-travel.de

Sehr gute Informationen zum Thema bietet auch der Gesundheitsdienst des Auswärtigen Amtes. Anschrift siehe unter „Reisehinweise".

Tropenmedizinische Beratung

Speziell zur Vor- und Nachbereitung einer Fernreise gibt es spezialisierte Kliniken und Facharztzentren. Die Anschriften sind beim Hausarzt oder den Krankenkassen erhältlich. Hier als Beispiel Hamburg:

Tropenmedizinisches Beratungs- und Informationszentrum Hamburg GmbH
Lobuschstraße 28
22765 Hamburg
Telefon: (040) 398889-0, Telefax: (040) 39888939
http://www.tbh.de

Der Service des Tropenmedizinischen Beratungs- und Informationszentrums Hamburg (TBH) umfaßt unter anderem Beratungen, Tauglichkeitsuntersuchungen, Impfungen und ärztlich Reisebegleitung.

Erste Hilfe und Rettungsdienste

Erste-Hilfe-Kurse und -weiterbildungen werden von allen Organisationen des Rettungsdienstes angeboten. Im folgenden sind nur die Anschriften der Bundesgeschäftsstellen angegeben, die lokalen Adressen können dort nachgefragt werden.

Deutsches Rotes Kreuz e.V. (DRK)
Friedrich-Ebert-Allee 71
53113 Bonn
Telefon: (0228) 541-0, Telefax: (0228) 541-2339
http://www.drk.de

Malteser-Hilfsdienst e.V.
Kalker Hauptstraße 22-24
51103 Köln
Telefon: (0221) 9822-01, Telefax: (0221) 9822-399
http://www.malteser-mf.de/gs

Johanniter-Unfall-Hilfe e.V.
Karl-Legien-Straße 188
53117 Bonn
Telefon: (0228) 6830-0, Telefax: (0228) 6830-444
http://www.juh.de

Arbeiter-Samariter-Bund Deutschland e.V.
Sülzburgstraße 140
50937 Köln
Telefon: (0221) 47605-0
Telefax: (0221) 47605-288
http://www.asb.de

Reisehinweise

Das Auswärtige Amt gibt Reisehinweise zu vielen Ländern von Informationen über die aktuelle politische Situation über ansteckende Krankheiten in den jeweiligen Ländern bis hin zu Zoll- und Devisenbestimmungen. Die Hinweise können unter der angegebenen Telefonnummer oder im Internet abgefragt werden.

Von Reisen abgeraten wird nur in wenigen Fällen, meist bei Krieg, Bürgerkrieg oder schweren Naturkatastrophen, in sogenannten „hochbrisanten Situationen". Entgegen geläufiger Annahmen bedeuten diese Warnhinweise nach Auskunft des Auswärtigen Amtes keine Berechtigung, eine bereits gebuchte Reise kostenfrei beim Veranstalter zu stornieren. In der Praxis erkennen die Reiseveranstalter eine Warnung des Auswärtigen Amtes jedoch häufig als Reiserücktrittsgrund an, meist werden in diesen Fällen für die betreffenden Reisen Alternativen vorgeschlagen. Wer vor einer Reise gewarnt wird, sollte sich zur weiteren Klärung umgehend mit seinem Reisebüro in Verbindung setzen.

Auswärtiges Amt
Referat 040
10013 Berlin
Telefon: (01888) 17-0
http://www.auswaertiges-amt.de

Das Lagezentrum steht bei Krisen, Katastrophen und Unruhen im Ausland betroffenen und interessierten Bürgern mit Hinweisen und Auskünften rund um die Uhr zur Verfügung.

Lagezentrum des Auswärtigen Amtes
Telefon: (01888) 17-0, Telefax: (01888) 17-3402

Rettungsmittel (Seenot)

Spezielle Informationen über Rettungswesten und -inseln sowie weiteres Seenotgerät erhält man bei den unter „Wassersport und Schiffahrt" aufgeführten Wassersportverbänden. Man kann sich aber auch direkt an die herstellenden oder importierenden Firmen wenden. Ein führender Hersteller ist:

SECUMAR Rettungsgeräte GmbH
ABC-Str. 16
22880 Wedel
Telefon: (04103) 125-0
http://www.secumar.de

Signalmittel

Pyrotechnische Notsignale sind bei Schiffsausrüstern (siehe „Yachtbedarf") und im Waffenhandel erhältlich. Es ist jedoch zu bedenken, daß die ernsthaften Signalmittel mit großer Sichtweite einen Erwerbsschein erfordern. Folgende Firmen produzieren und vertreiben unter anderem Notsignalmittel:

NICO-Pyrotechnik
Bei der Feuerwerkerei 4
22946 Trittau
Telefon: (04154) 8050, Telefax: (04154) 2451
http://www.nico-pyro.de

Comet GmbH Pyrotechnik Apparatebau
Vieländer Weg 147
27574 Bremerhaven
Telefon: (0471) 393-0, Telefax: (0471) 393-94
http://www.comet-pyro.de

Survivalausbildung

Es gibt eine Reihe von Firmen und Einzelpersonen, die sich auf Survival mit seinen unterschiedlichen Aspekten spezialisiert haben. Man findet z.B. Erlebniswochenenden für gestreßte Manager, alternative Lebensformen (Herstellen von Steinzeitwerkzeug, Leben ohne Elektrizität), Kurse zum Überleben von Nuklearkriegen und vieles mehr. Die Anschriften sind in einschlägigen Zeitschriften zu finden. Aber aufgepaßt: Auf dem Markt tummeln sich manche „Experten", die nur die schnelle Mark machen wollen. Deshalb sollte man sich die Schulen und ihre Ausbilder gut anschauen und sich Referenzen zusenden lassen, bevor man die zum Teil sehr teuren Kurse bucht. Empfehlen kann ich:

Harzer Survivalschule
Lars Spanger
Herzog-Julius-Straße 63A
38667 Bad Harzburg
Telefon: (05322) 928488
Telefax: (05322) 928489

Lars Spanger gibt Kurse in Überlebenstechniken und Survivaltraining zu allen Jahreszeiten. Das Ausbildungsangebot richtet sich an Einzelpersonen, Management- und Führungspersonal, aber auch an Gruppen und Firmen.

Zwerger & Raab GmbH
79856 Hinterzarten
Tel.: (07652) 5606, Telefax: (07652) 5404
http:/www.zwerger-raab.de

Reinhard Zwerger bietet ein reichhaltiges Programm an Wildnis- und Improvisationstraining. Es umfaßt von Bogenschießen, Seiltechniken, Lagerbau über Notrettungsmaßnahmen, Orientierung in der Natur bis hin zur Zubereitung von improvisierten Mahlzeiten viele Techniken, die den Kursusteilnehmern das Leben in und mit der Natur wieder näher bringen.

Wer viel Geld ausgeben, dafür aber auch viel Erlernen will, hat die Möglichkeit, an der „Outdoor Leadership School" in den USA Kurse zu belegen, von einwöchigen Survival-Lehrgängen bis zu mehrmonatigen Dschungelaufenthalten:

National Outdoor Leadership School
Telefon: (001-307) 3325300
Telefax: (001-307) 3321220
http://www.nols.edu

Ein ähnliches Angebot bietet die Firma „Outward Bound", ebenfalls mit Sitz in den USA:

Outward Bound
Telefon: (001-914) 4244000
Telefax: (001-914) 4244280
http://www.outwardbound.org

Wassersport und Schiffahrt

Bundesamt für Seeschiffahrt und Hydrographie
Bernhard-Nocht-Straße 78
20359 Hamburg
Telefon: (040) 3190-0, Telefax: (040) 3190-5000
http://www.bsh.de

Das Bundesamt für Seeschiffahrt und Hydrographie (BSH) ist eine Bundesoberbehörde im Geschäftsbereich des Bundesministeriums für Verkehr. Zu seinen Aufgaben gehören:

- Nautische und hydrographische Dienste, wie Wasserstandsvorhersagen, Sturmflutwarndienst, Eisnachrichtendienst
- Seevermessung und Wracksuche
- Herausgabe amtlicher Seekarten und nautischer Veröffentlichungen
- Prüfung und Zulassung nautischer Instrumente
- Schiffsvermessungen und Flaggenrechtsangelegenheiten
- Meereskundliche Untersuchungen und Meeresumweltschutz

Deutsche Gesellschaft zur Rettung Schiffbrüchiger
Werderstraße 2
28199 Bremen
http://www.dgzrs.de

Die Deutsche Gesellschaft zur Rettung Schiffbrüchiger (DGzRS) unterhält an den deutschen Küsten ein Netz von Rettungsstationen und Seenotrettungsbooten. Die Seenotleitstelle in Bremen koordiniert die Hilfe bei Notfällen in See mit anderen Rettungsleitstellen im In- und Ausland. Sie ist rund um die Uhr erreichbar unter:

Telefon: (0421) 536870
Mobilfunk-Alarmruf: 124124 (C-Tel, D1, D2, E-Plus)
Seefunk: UKW Kanal 16, Grenzwelle 2182 MHz, DSC Kanal 70

Deutsche Lebens-Rettungs-Gesellschaft e.V.
Im Niedernfeld 2
31542 Bad Nenndorf
http://www.dlrg.de

Helfer der Deutschen Lebens-Rettungs-Gesellschaft (DLRG) bewachen in der Sommersaison ehrenamtlich zahlreiche Strände. Die Gesellschaft bietet an:

- Ausbildung zu sicheren Schwimmern
- Ausbildung zu sicheren Tauchern
- Ausbildung für den Helfer- und Wachdienst

Deutscher Segler-Verband e.V.
Gründgensstraße 18
22309 Hamburg
Telefon: (040) 6320090, Telefax: (040) 63200928

Der Deutsche Segler-Verband (DSV) ist der Dachverband für Segelvereine und Surfclubs in Deutschland. Die Kreuzer-Abteilung des DSV führt Weiterbildungsveranstaltungen für Fahrtensegler durch und gibt Handbücher und Infobroschüren heraus.

Deutscher Motoryachtverband e.V.
Vinckeufer 12-14
47119 Duisburg
Telefon: (0203) 809580, Telefax: (0203) 8095858
http://www.dmyv.de

Der Deutsche Motoryachtverband (DMYV) hat zahlreiche Ortsvereine und bietet umfangreiche Informationen zum Thema Führerscheinwesen, Motoryachtsport und Tourenplanung.

Verband Deutscher Sporttaucher e.V.
Bundesgeschäftsstelle
Tannestraße 25
64546 Mörfelden-Walldorf
Telefon: (06105) 961302 / 951291
Telefax: (06105) 961345
http://www.vdst.de

Dem Verband Deutscher Sporttaucher (VDST) sind die Tauchsportverbände der Bundesländer mit ihren Ortsvereinen angeschlossen. Er gibt Informationen zum Tauchsport heraus und führt in seinen Vereinen Aus- und Weiterbildungen durch.

Wetterberichte

Internetseiten des Deutschen Wetterdienstes :
- http://www.dwd.de

Weitere Wetterinformationen sind unter folgenden Internetadressen erhältlich:
- http://www.wetteronline.de
- http://www.meteofax.de
- http://www.wetter.de
- http://www.wmo.ch

Wer über keinen Internetzugang verfügt, kann sich Wetterinformationen per Telefonansage oder Faxabruf beschaffen. Vorsicht, zum Teil werden dafür mit der Telefonrechnung recht happige Gebühren berechnet.

Faxabruf (DM 2,42 / Minute):
- (0190) 770241(Wetter lokal)
- (0190) 770242(Reisewetter)
- (0190) 770244(Regionalwetter)
- (0190) 770246(langfristige Vorhersage)

Telefonisches Wetter In- und Ausland:
●(0190) 900075 (DM 2,42 / Minute)

Telefonisches Wetter (Deutschland):
●(0190) 580085 + Postleitzahl (DM 1,21/Minute)

Für spezielle Fragen zu den Themen „Wetter" und „Klima", empfehle ich das Zentralamt des Deutschen Wetterdienstes (DWD):

Deutscher Wetterdienst
Zentralamt
63067 Offenbach am Main
Frankfurter Straße 135
Telefon: (069) 80620, Telefax: (069) 80622484
http://www.dwd.de

Anmerkung

Diese Aufstellung erhebt keinen Anspruch auf Vollständigkeit. Weiter interessante Hinweise nimmt der Autor gern entgegen, bitte an den Verlag schicken.

Alle Anschriften von Verbänden und Vereinen, deren Hauptsitz in Bonn liegt, können sich in den kommenden Jahren ändern, da viele Dachverbände ihren Sitz nach Berlin verlegen werden. Die jeweilige Auflage dieses Buches berücksichtigt den aktuellen Stand.

030me Abb.: mf

Anhang

Literaturtips

Barker, Rodney
„Killeralgen"
Scherz Verlag
Ein Buch über bislang unbekannte Gefahren durch die sogenannten „Killeralgen". Es liest sich stellenweise wie ein Krimi, die Aussagen über die Gefährlichkeit der betrachteten Einzeller sind jedoch wissenschaftlich nicht unumstritten.

Höh, Rainer
„Outdoor-Praxis"
Reise Know-How Verlag
Ein kompaktes, umfassendes Handbuch, in dem alles Notwendige über Ausrüstung, Leben und Überleben in der Wildnis auf neuestem Stand zu finden ist. Die Outdoor-Kochtips von Rainer Höh habe ich übrigens bereits vor über 15 Jahren mit Begeisterung benutzt (und es geht mir immer noch gut ...).

Höh, Rainer
„Kanu-Handbuch"
Reise Know-How Verlag
In diesem praktischem Handbuch findet man zahlreiche Tips für jeden, der gerne paddelt (oder es versuchen möchte), vom Anfänger bis zum Wildwasserbezwinger.

Junger, Sebastian
„Der Sturm"
Diana Verlag
Ein Sachbuch, in dem die letzte Fahrt eines Fischtrawlers in einem Orkan rekonstruiert wird. Der Verfasser geht jedoch weiter. In einer Sprache, die von Kritikern bereits mit Hemingway verglichen wurde, schildert er den Lebenskampf der Nordatlantikfischer gegen die Naturgewalten.

Karnetzki, Dieter
„Wolken und Wetter"
Verlag Delius Klasing
Ein kompaktes, preisgünstiges Handbuch, das eine gute Hilfestellung beim Interpretieren der vielfältigen Wolkenerscheinungen gibt.

Kaufhold, Friedrich und Rempe, Alfons
„Feuerlöschmittel: Eigenschaften – Wirkung – Anwendung"
Verlag W. Kohlhammer
Die Autoren vermitteln ein umfassendes Bild über den aktuellen Wissensstand bezüglich Feuerlöschmittel und ihren Einsatz. Obwohl es als Fachbuch an Brandschutzspezialisten gerichtet ist, finden auch interessierte Laien in diesem – gar nicht „trocken" verfaßten – Buch eine Vielzahl informativer Fakten.

Lindemann, Hannes
„Allein über den Ozean"
Ullstein TB
Der Klassiker des „Sea-Survivals". 1956 überquerte Dr. Lindemann mit einem kleinen Faltboot in 76 Tagen den Atlantischen Ozean, nachdem er bereits 1955 eine ähnliche Tour in einem Einbaum gewagt hatte. Er erforschte in Selbstexperimenten, wie Schiffbrüchige unter ungünstigen Bedingungen überleben können. Durch die von ihm dafür entwickelten Programme zum Autogenen Training wurde er zur Kapazität für Streßbewältigung und mentale Entspannungsübungen.

Meissner, Hans-Otto
„Die überlistete Wildnis – Vom Leben und Überleben in der freien Natur"
Goldmann TB
Meissner ist Verfasser zahlreicher Reisebücher, die alle mit Herz und Liebe zum Detail geschrieben sind. Im Jahr 1967 erschien zum erstenmal sein Survivalhandbuch, das bis in die 80er Jahre immer wieder neu aufgelegt und von nachfolgenden Survivalautoren gerne als Grundlage benutzt wurde. Es enthält eine Vielzahl an praktischen Details, liest sich aber flüssig wie ein Roman.

Müller-Sacks, Eckard
„Ärztlicher Ratgeber für Auslandsaufenthalte"
Ursprünglich als Notfallhilfe für das fliegende Personal der LTU konzipiert, entwickelte sich das Büchlein zum Geheimtip bei Touristikunternehmen und Fernreisenden. Es ist gegen einen mit 3 DM frankierten DIN-A5-Rückumschlag erhältlich bei: BAD GmbH, Zentrum im Büropark Airport Düsseldorf, Wanheimer Straße 47, 40472 Düsseldorf.

Nehberg, Rüdiger
„Die Kunst zu Überleben – Survival"
Kabel Verlag
Das Handbuch, das zu Beginn der 80er Jahre den Begriff „Survival" in Deutschland populär machte. Mit seinem unverwechselbaren Stil bringt Nehberg dem Leser die Grundgedanken des Überlebens nah, ohne sich im Detail zu verlieren.

Nehberg, Rüdiger
„Medizin-Survival, Überleben ohne Ärzte"
Kabel Verlag
Die Erweiterung seines Survival-Handbuchs, die Nehberg in drastischer Sprache verfaßt hat, ist bei Ärzten nicht unumstritten, erfüllt aber ihren Zweck – Survival pur.

Nehberg, Rüdiger
„Survivallexikon"
Kabel Verlag
Das Lexikon ist das aktuellste Buch Nehbergs zum Thema Survival. Es ist als Nachschlagewerk gedacht, mit vielen Stichworten im (teilweise weiten) Umfeld von Survival.

Pawson, Des
„Das BLV Knotenhandbuch"
BLV Verlagsgesellschaft
In diesem ansprechend aufgemachten Handbuch werden alle für Wassersportler, Bergsteiger, Angler und sonstige Interessierte wichtigen Knoten Schritt für Schritt erklärt. Die Materie ist auch für absolute Laien gut nachvollziehbar und wird mit über 800 Farbfotos illustriert.

Robertson, Dougal
„... und kämpften um ihr Leben"
Edition Praeger
Ein faszinierend geschriebenes Buch. Robertson erzählt die Geschichte eines ungewöhnlichen Schiffbruchs: Im Juni 1972 wurde der Segelschoner „Lucette", mit dem die Familie Robertson eine Weltumsegelung unternehmen wollte, von Schwertwalen attackiert und sank innerhalb weniger Minuten im Pazifischen Ozean. Nach einer 37tägigen Odyssee im Rettungsfloß konnten alle Schiffbrüchigen gerettet werden.

Robin, Bernard
„Navy Survival Handbuch – Überleben auf See"
Pietsch-Verlag
Das Buch ist zweigeteilt, in der ersten Hälfte werden 31 Fallbeispiele von Schiffbrüchigen geschildert, im zweiten Teil leitet der Autor anhand der Beispiele Regeln für ein Überleben auf See ab. Für den Interessierten bieten die Beispiele eine gute Zusammenstellung der „klassischen" Unglücke auf See. Die von Robin ausgeführten Überlebensregeln sind jedoch in Teilbereichen nicht auf ganz aktuellem Stand, vor einigen Ratschlägen muß sogar explizit gewarnt werden. So sind beispielsweise die Ausführungen zur Trinkbarkeit von Seewasser für den Laien lebensgefährlich.

Rossi, Rolando und
Dobler, Günter
„Notfalltaschenbuch für den Rettungsdienst"
Verlagsgesellschaft Stumpf & Kossendey
Ein kompaktes Handbuch für den ausgebildeten Rettungssanitäter, gibt aber auch dem interessierten Laien viele Informationen zum Thema Notfallmedizin.

Rotpunkt Verlag (Hrsg.)
„Outdoor & Trekking Ausrüstungshandbuch"
Als Sonderheft der Zeitschrift „Outdoor" erscheint regelmäßig dieses Sonderheft mit Testberichten, Praxistips und Markt- und Preisübersichten. Es ist erhältlich beim Rotpunkt Verlag in 70708 Fellbach, Postfach 1828, Telefax: (0711) 9579579.

Schult, Joachim
„Yachtunfälle"
Edition Maritim
Schult schildert in packender Sprache eine Vielzahl von Unfällen und Mißgeschicken auf Yachten, um sie jeweils direkt zu analysieren. Daraus gewinnt er gut verständliche Tips zum richtigen Verhalten auf See und zur Vermeidung der geschilderten Vorfälle. Eine Fundgrube für jeden - auch den bereits erfahrenen - Yachtskipper.

Watts, Alan
„Das Wetter Handbuch"
Verlag Delius Klasing
Das Handbuch vermittelt mit vielen anschaulichen Abbildungen die Sachkenntnis, um Beobachtungen von Naturerscheinungen hinsichtlich der Wetterentwicklung deuten zu können und Wetterberichte umfassend zu analysieren.

Werner, David
„Wo es keinen Arzt gibt – Medizinisches Gesundheitshandbuch zur Hilfe und Selbsthilfe auf Reisen"
Reise Know-How Verlag
Der Titel sagt bereits alles über das Buch aus. Von vorbeugender Hygiene und notwendigen Impfungen über eingehende Beschreibungen der Tropenkrankheiten bis hin zur Ersten Hilfe vermittelt David Werner umfangreiches Fachwissen für alle Fernreisenden.

Wirth, Armin
„Erste Hilfe effektiv"
Reise Know-How Verlag
In diesem praktischen Ratgeber werden die Grundlagen der Ersten und Zweiten Hilfe auf Reisen und Expeditionen behandelt. Mit vielen Fotos und Abbildungen versehen, findet man in diesem Buch zahlreiche Tips für Reisevorbereitungen, zur Unfallprävention und für den Notfall.

Praxis – die neuen handlichen Ratgeber

Wer seine Freizeit aktiv verbringt und moderne Abenteuer sucht, braucht spezielles wissen, das in keiner Schule gelehrt wird. REISE KNOW-HOW beantwortet die vielen Fragen rund um Freizeit, Urlaub und Reisen in einer praktischen Ratgeberreihe: „Praxis“.

R. Höh: **Kanu-Handbuch**
ISBN 3-89416-752-1

R. Höh: **Wildnis-Ausrüstung**
ISBN 3-89416-750-5

R. Höh: **Wildnis-Küche**
ISBN 3-89416-751-3

F. Littek: **Fliegen ohne Angst**
ISBN 3-89416-754-8

R. Höh:
Orientierung mit Kompaß und GPS
ISBN 3-89416-755-6

W. Schwieder: **Richtig Kartenlesen**
ISBN 3-89416-753-X

R. Kuster: **Dschungelwandern**
ISBN 3-89416-759-9

K. Becker:
Tauchen in warmen Gewässern
ISBN 3-89416-760-2

M. Faermann:
Survival Naturkatastrophen
ISBN 3-89416-753-X

M. Faermann:
Gewalt und Kriminalität unterwegs
ISBN 3-89416-756-4

Jeder Titel:
144-160 Seiten, robuste Fadenheftung,
Taschenformat 10,5 x 17 cm,
Register und Griffmarken

Praxis
Reise Know-How
Fliegen ohne Angst

Praxis
Reise Know-How
Dschungel-wandern

Praxis
Reise Know-How
Orientierung mit Kompass und GPS

Praxis
Reise Know-How
Tauchen in warmen Gewässern

Praxis
Reise Know-How
Richtig Kartenlesen

Praxis
Reise Know-How
Survival-Handbuch
Natur-katastrophen

Anhang

Thailand

Das beliebteste Reiseziel Südost-Asiens ist kein 'einfaches' Reiseland. Abseits der Hauptreiserouten spricht kaum jemand Englisch, Religion und Umgangsformen sind fremd, und es gibt so viel anzuschauen, daß man kaum weiß, wo man anfangen soll. Da bewährt sich ein Reiseführer der Reihe ***REISE KNOW-HOW***:

Rainer Krack

Thailand Handbuch

Der komplette Reiseführer für individuelles Reisen und Entdecken

816 Seiten, 112 Karten und Pläne, durchgehend illustriert, großer Farbteil, 24-seitiger Farbkartenatlas.
ISBN 3-89416-741-6

Rainer Krack

Insel Phuket

Der komplette Reiseführer für *die* Trauminsel Thailands

384 Seiten, 16 Karten und Pläne, durchgehend illustriert.
ISBN 3-89416-182-5

Klaus Becker

Thailand: An Küsten und Stränden

Strand-, Tauch- und Naturführer für alle besuchenswerten Inseln und Strände. Ausführliche Tips für Schnorchler und Taucher.

360 Seiten, 23 Karten und Pläne, durchgehend farbig, ISBN 3-89416-622-3

Reise Know-How Verlag Peter Rump Gmbh, Bielefeld

KulturSchock

Diese Reihe vermittelt dem Besucher einer fremden Kultur wichtiges Hintergrundwissen. **Themen** wie Alltagsleben, Tradition, richtiges Verhalten, Religion, Tabus, das Verhältnis von Frau und Mann, Stadt und Land werden nicht in Form eines völkerkundlichen Vortrages, sondern praxisnah auf die Situation des Reisenden ausgerichtet behandelt. Der **Zweck** der Bücher ist, den Kulturschock weitgehend abzumildern oder ihm gänzlich vorzubeugen. Damit die Begegnung unterschiedlicher Kulturen zu beidseitiger Bereicherung führt und nicht Vorurteile verfestigt.

11 Titel sind lieferbar, darunter:

Hanne Chen
KulturSchock China
VR China und Taiwan
280 Seiten, reichlich illustrier

Rainer Krack
KulturSchock Thailand
240 Seiten, reichlich illustriert

Kirsten Winkler
KulturSchock Iran
240 Seiten, reichlich illustriert

Rainer Krack
KulturSchock Indien
204 Seiten, reichlich illustriert

Klaus Boll
KulturSchock Mexiko
216 Seiten, reichlich illustriert

Anhang

Karibik

Wer erst einmal auf den Geschmack gekommen ist, wird immer wieder in die Karibik reisen um Sonne, Strand, Meer und freundliche Menschen zu erleben. Und da gibt es zahlreiche Inseln, für die ein Urlaubshandbuch aus der Reihe ***REISE KNOW-HOW*** zur Verfügung steht:

Evelyn Seeliger-Mander

Trinidad und Tobago

336 Seiten, 12 Karten und Pläne, durchgehend illustriert, ISBN 3-89416-638-X

Evelyn Seeliger-Mander

Barbados

Insel unter dem Wind

264 Seiten, 13 Karten und Pläne, durchgehend illustriert, ISBN 3-89416-639-8

Evelyn Seeliger-Mander

St. Lucia, St. Vincent, Grenada

315 Seiten, 15 Karten und Pläne, durchgehend illustriert, ISBN 3-89416-642-8

Hans-Jürgen Fründt

Dominikanische Republik

432 Seiten, 20 Karten und Pläne, durchgehend illustriert, ISBN 3-89416-643-6

REISE KNOW-HOW Verlag
Peter Rump GmbH, Bielefeld

MEDIZINISCHE HILFE UNTERWEGS

David Werner

Wo es keinen Arzt gibt

- **Medizinisches Grundwissen für Reisen in die Dritte Welt**
- **Diagnose und Behandlung:** Tropen-, Haut- und Augenkrankheiten, Zahnprobleme, Erkrankungen von Blase, Genitalien usw.
- **Erste Hilfe:** Was tun bei Fieber, Schock, Ohnmacht, Unfällen, Hitzeschäden? Behandlung von Wunden, Knochenbrüchen, Verrenkungen, Vergiftungen, Bissen, Transport von Verletzten
- **Anhang für Fernreisende:** Impfkalender, Adressen der Tropeninstitute, Reiseapotheke, Malariaresistenzliste
- 360 Seiten, ISBN 3-89416-035-7

Armin Wirth

Erste Hilfe unterwegs
Effektiv und praxisnah

- **Grundlagen der Ersten und Zweiten Hilfe** speziell für Reisende, Outdoorsportler und Expeditionen
- Tips zur **Vorbereitung** auf die Reise und **Prävention** von Unfällen
- **Übersichtliche Diagnoseschemata** zum schnellen Erkennen der Schädigung oder Krankheit
- Vorgehensweise für **alle häufigen und bedrohlichen Schädigungen und Krankheiten** von Angina Pectoris über Erfrierungen, Wärmeprobleme und Höhenkrankheit bis Zyanose
- 336 Seiten, ISBN 3-89416-689-4

REISE KNOW-HOW Verlag Peter Rump GmbH, Bielefeld

Reise Know-How Bücher werden von Autoren geschrieben, die Freude am Reisen haben und viel persönliche Erfahrung einbringen. Sie helfen dem Leser, die eigene Reise bewußt zu gestalten und zu genießen. Wichtig ist uns, daß der Inhalt nicht nur im reisepraktischen Teil „Hand und Fuß“ hat, sondern daß er in angemessener Weise auf Land und Leute eingeht. Die Reihe **Reise Know-How** soll dazu beitragen, Menschen anderer Kulturkreise näher zu kommen, ihre Eigenarten und ihre Probleme besser zu verstehen. Wir achten darauf, daß jeder einzelne Band gemeinsam gesetzten Qualitätsmerkmalen entspricht. Um in einer Welt rascher Veränderungen laufend aktualisieren zu können, drucken wir bewußt kleinere Auflagen.

Rad & Bike:

Reise Know-How Rad & Bike sind Radführer von lohnenswerten Reiseländern bzw. Radreise-Stories von außergewöhnlichen Radtouren durch außereuropäische Länder und Kontinente. Die Autoren sind entweder bekannte Biketouren-Profis oder „Newcomer“, die mit ihrem Bike in kaum bekannte Länder und Regionen vorstießen. Wer immer eine Fern-Biketour plant - oder nur davon träumt - kommt an unseren Rad & Bike-Bänden nicht vorbei!

Deutschland

Amrum
ISBN 3-89416-720-3
Hauptstadt Berlin mit Potsdam
ISBN 3-89416-688-6
Insel Borkum
ISBN 3-89416-632-0
Insel Fehmarn
ISBN 3-89416-683-5
Insel Föhr
ISBN 3-89416-721-1
Harz/Ost
ISBN 3-89416-228-7
Harz/West
ISBN 3-89416-227-9
Insel Langeoog
ISBN 3-89416-684-3
Mecklenburg/Brandenburg Wasserwandern
ISBN 3-89416-221-x
Mecklenburg/Vorpommern Binnenland
ISBN 3-89416-615-0
München
ISBN 3-89416-672-x
Norderney
ISBN 3-89416-652-5
Nordfriesische Inseln
ISBN 3-89416-601-0
Nordseeinseln
ISBN 3-89416-197-3
Nordseeküste Niedersachsens
ISBN 3-89416-603-7
Ostdeutschland individuell
ISBN 3-89662-480-6
Ostfriesische Inseln
ISBN 3-89416-602-9
Ostseeküste/Mecklenburg-Vorpom.
ISBN 3-89416-184-1
Ostseeküste Schleswig-Holstein
ISBN 3-89416-631-2
Rügen und Hiddensee
ISBN 3-89416-654-1
Sächsische Schweiz
ISBN 3-89416-630-4
Schwarzwald
ISBN 3-89416-611-8
Schwarzwald/Nord
ISBN 3-89416-649-5
Schwarzwald/Süd
ISBN 3-89416-650-9
Insel Sylt
ISBN 3-89416-682-7
Thüringer Wald
ISBN 3-89416-651-7
Usedom
ISBN 3-89416-691-6

Europa

Amsterdam
ISBN 3-89416-677-0
Andalusien
ISBN 3-89416-679-7
Bretagne
ISBN 3-89416-175-2
Budapest
ISBN 3-89416-660-6
Bulgarien
ISBN 3-89416-220-1
Costa Brava
ISBN 3-89416-737-8
Costa del Sol
ISBN 3-89416-723-8
Dänemarks Nordseeküste
ISBN 3-89416-634-7
England, der Süden
ISBN 3-89416-676-2
Europa Bike-Buch (Rad & Bike)
ISBN 3-89662-300-1
Gardasee
ISBN 3-89662-729-7
Gran Canaria
ISBN 3-89416-665-7
Großbritannien
ISBN 3-89416-617-7
Hollands Nordseeinseln
ISBN 3-89416-619-3
Irland-Handbuch
ISBN 3-89416-636-3
Island
ISBN 3-89662-035-5
Kärnten
ISBN 3-89662-105-x
Kreta
ISBN 3-89416-739-4
Litauen & Kaliningrad
ISBN 3-89416-169-8
Das Tal der Loire
ISBN 3-89416-681-9
London
ISBN 3-89416-673-8
Madeira
ISBN 3-89416-722-x
Madrid
ISBN 3-89416-731-9
Mallorca
ISBN 3-89662-166-1
Mallorca für Eltern und Kinder
ISBN 3-89662-158-0
Mallorca, Reif für
ISBN 3-89662-168-8
Mallorca, Wandern auf
ISBN 3-89662-162-9

Europa

Malta
ISBN 3-89416-659-2
Nördliche Sporaden
ISBN 3-86-725-4
Nordspanien und der Jakobsweg
ISBN 3-89416-678-9
Nordtirol
ISBN 3-89662-107-6
Oxford
ISBN 3-89416-211-2
Paris
ISBN 3-89416-667-3
Polens Norden Ostseeküste/Masuren
ISBN 3-89416-613-4
Prag
ISBN 3-89416-690-8
Provence
ISBN 3-89416-609-6
Pyrenäen
ISBN 3-89416-692-4
Rhodos
ISBN 3-89416-724-6
Rom
ISBN 3-89416-670-3
Salzburger Land - Salzkammergut
ISBN 3-89662-109-2
Sardinien
ISBN 3-89416-727-0
Schottland-Handbuch
ISBN 3-89416-621-5
Sizilien - Liparische Inseln
ISBN 3-89416-627-4
Skandinavien – der Norden
ISBN 3-89416-653-3
Südnorwegen/Lofoten
ISBN 3-89416-726-2
Toscana
ISBN 3-89416-664-9
Tschechien
ISBN 3-89416-600-2
Umbrien
ISBN 3-89416-728-9
Warschau/Krakau
ISBN 3-89416-209-0
Wien
ISBN 3-89416-697-5

Afrika

Agadir, Marrakesch und der Süden Marokkos
ISBN 3-89662-069-x
Ägypten individuell
ISBN 3-89662-471-7
Äthiopien
ISBN 3-89662-043-6
Botswana
ISBN 3-89416-730-0
Bikeabenteuer Afrika (Rad & Bike)
ISBN 3-929920-15-8
Durch Afrika
ISBN 3-89662-011-8
Kairo, Luxor, Assuan
ISBN 3-89662-460-1
Kamerun
ISBN 3-89662-032-0
Kenia
ISBN 3-89416-732-7
Libyen
ISBN 3-89662-005-3
Madagaskar, Seychellen, Mauritius, Réunion, Komoren
ISBN 3-89662-062-2
Marokko
ISBN 3-89662-081-9
Namibia
ISBN 3-89662-321-4
Simbabwe
ISBN 3-89662-026-6
Südafrika
ISBN 3-89662-340-0
Tansania Handbuch
ISBN 3-89662-048-7
Tunesien
ISBN 3-89662-074-6
Tunesiens Küste
ISBN 3-89662-076-2
Westafrika – Küstenländer
ISBN 3-89662-002-9
Westafrika – Sahel
ISBN 3-89662-001-0

Amerika

Argentinien/Urug./Parag.
ISBN 3-89662-051-7
Atlanta & New Orleans
ISBN 3-89416-230-9
Barbados, St. Lucia ...
ISBN 3-89416-736-x
Canada Ost/USA Nord-Osten
ISBN 3-89662-151-3
Canadas Westen mit Alaska
ISBN 3-89662-157-2
Chile & Osterinseln
ISBN 3-89662-054-1
Costa Rica
ISBN 3-89416-641-x
Dominikanische Republik
ISBN 3-89416-643-6
Ecuador/Galapagos
ISBN 3-89662-055-x
Guatemala
ISBN 3-89416-695-9
Hawaii
ISBN 3-89416-696-7
Honduras
ISBN 3-89416-666-5
Lateinamerika BikeBuch
ISBN 3-89662-302-8
Mexiko
ISBN 3-89662-310-9
New Orleans
ISBN 3-89416-686-x
New York City
ISBN 3-89416-687-8
Panama
ISBN 3-89416-671-1
Peru/Bolivien
ISBN 3-89662-331-1
Radabenteuer Panamericana (Rad & Bike)
ISBN 3-929920-13-1
San Francisco
ISBN 3-89416-735-1
St. Lucia, St. Vincent, Grenada
ISBN 3-89416-642-8
Trinidad und Tobago
ISBN 3-89416-638-x
USA/Canada
ISBN 3-89662-170-x
USA/Canada Bikebuch (Rad & Bike)
ISBN 3-929920-17-4

Amerika

USA mit Flugzeug und Mietwagen
ISBN 3-89662-150-5
USA, Gastschüler in den
ISBN 3-89662-163-7
USA für Sportfans
ISBN 3-89416-633-9
USA-Südwest; Natur- und Wanderführer
ISBN 3-89662-169-6
USA-Westen
ISBN 3-89662-165-3
Venezuela
ISBN 3-89662-040-1

Asien

Auf nach Asien (Rad & Bike)
ISBN 3-89662-301-x
Bali & Lombok mit Java
ISBN 3-89416-645-2
Bali: Ein Paradies wird erfunden
ISBN 3-89416-618-5
Bangkok
ISBN 3-89416-655-x
China Manual
ISBN 3-89416-626-6
China, der Norden
ISBN 3-89416-229-5
Chinas Osten mit Beijing
und Shanghai
ISBN 3-89416-680-0
Emirat Dubai
ISBN 3-89662-094-0
Hongkong, Macau
und Kanton
ISBN 3-89416-235-x
Indien, der Norden
ISBN 3-89416-738-6
Israel, palästinensische
Gebiete, Ostsinai
ISBN 3-89662-451-2
Jemen
ISBN 3-89662-009-6
Jordanien
ISBN 3-89662-452-0
Kambodscha
ISBN 3-89416-233-3
Komodo/Flores/Sumbawa
ISBN 3-89416-060-8
Ladakh und Zanskar
ISBN 3-89416-698-3

Asien

Laos
ISBN 3-89416-637-1
Libanon
ISBN 3-89662-087-8
Malaysia mit Singapur und Brunei
ISBN 3-89416-640-1
Mongolei
ISBN 3-89416-217-1
Myanmar (Burma)
ISBN 3-89662-600-0
Nepal-Handbuch
ISBN 3-89416-668-1
Oman
ISBN 3-89662-100-9
Phuket (Thailand)
ISBN 3-89416-182-5
Rajasthan
ISBN 3-89416-616-9
Singapur
ISBN 3-89416-740-8
Sri Lanka
ISBN 3-89416-170-1
Sulawesi (Celebes)
ISBN 3-89416-635-5
Taiwan
ISBN 3-89416-693-2
Thailand Handbuch
ISBN 3-89416-741-6
Thailand: Tauch- und Strandführer
ISBN 3-89416-622-3
Thailands Süden mit Bangkok
ISBN 3-89416-662-2
Tokyo
ISBN 3-89416-206-6
Vereinigte Arabische Emirate
ISBN 3-89662-022-3
Vietnam-Handbuch
ISBN 3-89416-661-4

Edition RKH

Geschichten aus dem
anderen Mallorca
ISBN 3-89662-171-8
Die goldene Insel
ISBN 3-89662-173-4
Mallorquinische Reise
ISBN 3-89662-172-6
Please wait to be seated
ISBN 3-89662-164-5
Yanomami-Massaker
ISBN 3-89416-624-x

Welt

Abenteuer Weltumradlung
(Rad & Bike)
ISBN 3-929920-19-0
Äqua-Tour (Rad & Bike)
ISBN 3-929920-12-3
CD-Rom Reise-Infos Internet
ISBN 3-89416-658-4
Erste Hilfe unterwegs
ISBN 3-89416-689-4
Der Kreuzfahrtführer
ISBN 3-89416-663-0
Outdoor-Praxis
ISBN 3-89416-629-0
Die Welt im Sucher
ISBN 3-9800975-2-8
Wo es keinen Arzt gibt
ISBN 3-89416-035-7

Praxis

Dschungelwandern
ISBN 3-89416-759-9
Fliegen ohne Angst
ISBN 3-89416-754-8
Kanu-Handbuch
ISBN 3-89416-725-1
Orientierung mit Kompass
und GPS
ISBN 3-89416-755-6
Richtig Kartenlesen
ISBN 3-89416-753-x
Schutz vor Gewalt und
Kriminalität
ISBN 3-89416-756-4
Sicherheit am/im Wasser
ISBN 3-89416-758-0
Survival-Handbuch
Naturkatastrophen
ISBN 3-89416-757-2
Tauchen in warmen Gewässern
ISBN 3-89416-760-2
Wildnis-Ausrüstung
ISBN 3-89416-750-5
Wildnis-Küche
ISBN 3-89416-751-3

Register

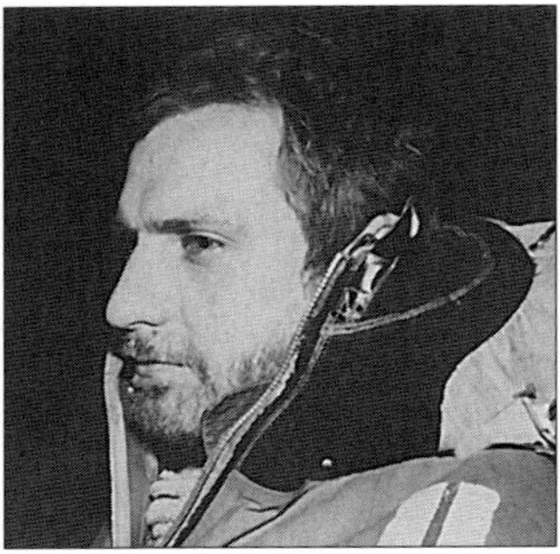

025me Abb.: mf

Der Autor

Matthias Faermann, geboren 1959 in Ostholstein, wurde schon als kleines Kind an die rauhen Elemente gewöhnt. Da sein Vater als Kapitän in der Handelsschiffahrt fuhr, konnte er bereits vor der Einschulung eine fast dreijährige Seefahrtszeit auf dem Atlantischen und dem Pazifischen Ozean vorweisen. Die See ließ ihn auch später nicht mehr los, schon als Schüler war er begeisterter Sportsegler.

Später zog es ihn zu den „Grauen Schiffen". Er fuhr unter anderem mehrere Jahre als Kommandant auf Unterseebooten. Dabei entdeckte er, quasi als Ausgleich, das Bergwandern als Freizeitbetätigung.

Seit vielen Jahren beschäftigt er sich sowohl beruflich als auch in seiner Freizeit mit dem Thema „Survival". Dabei interessiert ihn besonders das Verhalten von Menschen und Gruppen in Extremsituationen. Er verfaßte bereits mehrere Bücher, die sich mit Überlebenstechniken befassen.

Matthias Faermann ist zur Zeit als Dozent an der Führungsakademie der Bundeswehr tätig. Das „Restrisiko" sucht er auf Touren durch abgelegene Länder und Gegenden – zu Fuß oder mit seinem Citroen-Oldtimer.